本书受2019年度首都经济贸易大学新入职青年教师科研启动基金、中青年骨干教师计划的资助

汇率波动、竞争机制与非跨国公司汇率风险

——基于中国上市公司数据

徐 展 著

中国财经出版传媒集团

经济科学出版社

Economic Science Press

图书在版编目（CIP）数据

汇率波动、竞争机制与非跨国公司汇率风险：基于中国上市公司数据/徐展著 . —北京：经济科学出版社，2020.6

ISBN 978-7-5218-1531-3

Ⅰ.①汇… Ⅱ.①徐… Ⅲ.①汇率波动-影响-上市公司-研究-中国 Ⅳ.①F279.246

中国版本图书馆 CIP 数据核字（2020）第 075772 号

责任编辑：谭志军
责任校对：杨　海
责任印制：李　鹏　范　艳

汇率波动、竞争机制与非跨国公司汇率风险
—— 基于中国上市公司数据
徐　展　著

经济科学出版社出版、发行　新华书店经销
社址：北京市海淀区阜成路甲 28 号　邮编：100142
总编部电话：010-88191217　发行部电话：010-88191522
网址：www.esp.com.cn
电子邮件：esp@esp.com.cn
天猫网店：经济科学出版社旗舰店
网址：http://jjkxcbs.tmall.com
北京季蜂印刷有限公司印装
710×1000　16 开　10.75 印张　200000 字
2020 年 6 月第 1 版　2020 年 6 月第 1 次印刷
ISBN 978-7-5218-1531-3　定价：48.00 元
（图书出现印装问题，本社负责调换。电话：010-88191510）
（版权所有　侵权必究　打击盗版　举报热线：010-88191661
QQ：2242791300　营销中心电话：010-88191537
电子邮箱：dbts@esp.com.cn）

前　言

自 2005 年中国汇率改革以来，汇率波动所引起的汇率风险越来越受到学者们的重视。

首先，汇率波动产生了我国研究汇率风险的环境。西方国家关于汇率风险的研究已经进行了几十年，原因在于西方国家早已实行了汇率市场化的浮动汇率制度，使得汇率风险的研究有较好的条件。在这样的条件下，西方学者建立了汇率风险传递模型，研究了汇率波动的传递路径，讨论了汇率波动对宏观市场和微观企业的影响，同时明确了汇率风险的控制方法。而我国由于汇率波动才刚刚开始起步，关于汇率风险的研究尚不够充分。随着汇率改革的不断推进，汇率波动的幅度和方向已经越来越难以预测，切实了解汇率风险的来龙去脉，建立完善的汇率风险研究体系已经刻不容缓。

其次，汇率波动对公司的巨大影响也是学者们如此重视汇率风险研究的原因之一。汇率波动会影响跨国公司是一个显而易见的问题，对于跨国公司来说，汇率的波动产生折算风险、经营风险和交易风险。有着大量海外销售收入的跨国公司因为汇率的波动使得最终确认的收入受到极大的影响。但是，受到影响的仅仅只是跨国公司吗？例如，有一个卖东北米的非跨国公司和一个卖泰国米的跨国公司。当人民币升值时，泰国米的价格对于中国消费者来说降低了，销量出现增加。这样，当市场需求不变时，东北米的销量就会降低，从而导致东北米公司收入的降低。可见，汇率波动对公司的影响不仅仅影响了跨国公司，还影响了非跨国公司，而由于非跨国公司没有直接的外汇交易，使得这类公司的汇率风险往往被忽略了，因此这些公司急需关于汇率风险的提示和理论的指导。

本书使用2006~2014年在我国A股上市的非跨国公司为研究对象，研究汇率波动对非跨国公司的影响程度、影响方向、影响路径以及作用机制。同时基于汇率波动对非跨国公司的作用机制，提出能够帮助非跨国公司缓解汇率风险的汇率风险控制方法。

一是本书研究了汇率波动是否对非跨国公司造成影响。这里的影响主要从两个方面入手：一个方面是市场指标，即股票回报率，看汇率波动是否影响了公司的股票回报率即公司的市场价值。另一方面是会计指标，即现金流，看汇率波动是否影响了公司的现金流，即公司的账面价值。在时间窗口的选择上，考虑到汇率波动对非跨国公司的影响可能具有滞后性，本书选取了当月、滞后三个月和滞后一年三个窗口期来分析汇率波动对非跨国公司的作用，以便找到最合适的窗口期。本书的研究区间是2006~2014年，这个期间发生了重要的事件——第二次汇改。这种改革可能会从根本上改变汇率波动的方式、幅度和方向。因此，其也势必会使汇率波动对非跨国公司的影响发生变化。本书将汇改前和汇改后非跨国公司的汇率风险敞口进行分别估算，对受到显著影响的公司数量进行统计，明确了这一重要事件对非跨国公司汇率风险造成的影响。

二是在发现汇率波动无论从股票回报率还是从现金流来说都会对非跨国公司造成影响之后，本书研究了汇率波动对非跨国公司的传递路径。根据定义，非跨国公司是海外销售额低于10%的公司，因此汇率波动对这类公司的传递路径可能不是直接的，或者说直接传递所产生的风险是有限的。因此，本书从间接传递路径——竞争入手，研究汇率波动对非跨国公司的传递路径。同时，为了进一步完善竞争传递理论，本书根据竞争传递机制的逻辑对竞争在不同行业的传递效果进行了对比，得出的结论是只有在进口商品和本土商品具有较强替代性的行业才能有竞争关系，随之汇率风险才得以被传导。本书从此处入手，比较了竞争传递机制在不同行业的传递效果。

三是在发现了汇率波动会影响非跨国公司且影响路径是竞争机制之后，本书提出对非跨国公司来说行之有效的汇率风险管理办法。风险管理理论指出，主要的汇率风险管理办法有金融对冲、经营对冲和盈余管理。金融对冲主要指公司通过购买金融衍生品对汇率风险进行对冲。然而，公司使用金融衍生品的重要前提是公司有较多的外汇交易，显然非跨国公司并不符合这一条件，因此金融对冲可能不是合适的汇率风险管理手段。盈余管理虽然可以使得公司看上去没有受到多少汇率波动的影响，但是实际上并没有缓解公司的汇率风险，只是将已经产生的风险进行了适当的隐藏，这种方式不能从根本上帮助公司控制汇率风险。经营对冲从逻辑上是更适合非跨国公司的汇率风险管理方式，因为非跨国公司的汇率风险传递路径是竞争，而竞争正是非跨国公司日常生产经营活动的一部分，因此本书研究了经营对冲对非跨国公司的汇率风险管理作用。

在研究了上述三个主要的问题之后，本书得出了以下主要结论。

一、汇率波动对非跨国公司股票回报率与现金流的影响

1. 股票回报率：在股票回报率方面我们发现，美元、欧元和港币的波动对非跨国公司股票回报率均有影响，且影响具有滞后性，在滞后三个月窗口期显著影响公司，影响方向为负。

2. 现金流：在现金流方面我们发现，无论是美元、欧元还是港币，无论是波动当月、滞后三个月还是滞后一年，汇率波动都显著影响了非跨国公司的现金流，且汇率波动对非跨国公司现金流的影响是正向的。汇率波动对股票回报率的影响和对现金流的影响方向不同主要是由于股票回报率受诸多因素的控制，不仅仅是公司本身

的收入和价值，还受到投资者预期的影响。对于投资者来说，无论公司是否受益于汇率波动，汇率波动对公司来说都是一种风险，因此投资者降低了对公司的估值，使得公司股票回报率变为负向。而现金流则不同，只要汇率波动给公司带来了现金流的增加，其影响就一定是正向的。

3. 汇率改革的影响：我们对汇改前和汇改后，汇率波动对非跨国公司的影响进行对比发现，无论是汇改前还是汇改后，汇率波动都显著影响着非跨国公司的股票回报率和现金流。但是，汇改后影响的显著性出现明显的降低，说明汇率改革降低了汇率波动对非跨国公司的影响。

二、汇率波动对非跨国公司的竞争传递路径

首先，竞争能力对非跨国公司的汇率风险敞口具有很强的解释能力，竞争机制是非跨国公司汇率风险的传导机制之一。同时非跨国公司的竞争能力与公司的汇率风险敞口是负相关关系，即公司的竞争能力越低，汇率风险敞口越高。

其次，理论研究提到，竞争机制是非跨国公司的主要汇率风险传导机制，而海外收入则是跨国公司主要的汇率风险传导机制，对非跨国公司作用不明显。本书选择了外汇交易大于30%的公司为跨国公司，将这些公司与非跨国公司进行比较，发现竞争能力对非跨国公司的解释力度要远远高于跨国公司，同时海外销售收入对于非跨国公司的汇率风险敞口没有解释力度。

最后，本书还讨论了竞争机制在不同行业之间的差别。发现竞争机制并不能作用于所有的非跨国公司所处的行业。只有农、林、牧、渔业，制造业，批发零售业，交通运输、仓储和邮政业以及住宿和餐饮业是显著受到竞争机制影响的行业，这些行业的重要特点是行业产品中国内产品和外来产品有充分的竞争，且两种产品之间的可替代性较强。因此，本书认为，竞争机制并不是在所有行业都能产生传导效应，这种机制只在产品替代性强的行业才能充分发挥作用。

三、非跨国公司的汇率风险管理

本书将对经营对冲的公司和未采取经营对冲的公司进行分别分析，发现采取了经营对冲的公司其汇率风险敞口的大小，汇率风险敞口的显著程度以及受汇率风险影响的公司比例，都要显著低于未采取经营对冲的公司。进一步地，我们发现经营对冲对非跨国公司的汇率风险敞口有非常显著的解释力度，且作用是负向的，即采取了经营对冲的公司的汇率风险更低。这说明经营对冲是非跨国公司重要的汇率风险管理手段。

为了更进一步证明经营对冲对非跨国公司的重要性，我们对非跨国公司和跨国公司进行了倾向得分匹配的对比研究，发现跨国公司由于使用了经营对冲使得汇率风险降低，而非跨国公司由于经营对冲使用得不够充分使得其汇率风险敞口要高于跨国公司。这从另一个角度再次证明了经营对冲对非跨国公司的重要性。

本书主要有以下几点创新：

第一，本书使用客观数据证明了竞争传递机制的存在，完善了汇率传递理论，为竞争传递机制提供了实证的支撑。现有的研究一直无法用客观数据证明汇率竞争传递机制的存在是由于：首先，汇率风险敞口难以度量。现有研究以发达国家公司为研究对象，这些公司的汇率风险管理能力较强，而现行的汇率风险度量方式度量出的是公司采取风险管理手段之后的"净风险"。因此，其风险敞口往往是不显著的。其次，发达国家没有汇率长期上行或下行的区间，常常出现本月汇率向上波动提高了企业的竞争力，下月汇率向下波动降低了企业的竞争力，最终竞争机制的作用相互抵销而无法被观测的情况。本书使用中国数据，很好地克服了以上两个限制。一是中国的汇率波动时间不长，汇率风险管理能力较低，汇率风险敞口比较显著。二是汇率改革后人民币有长达两年的持续升值窗口，为本书用客观数据证明竞争传递机制的存在创造了良好的外在条件。

第二，本书将汇率风险管理理论应用于非跨国公司，拓展了汇率风险管理理论的适用范围。由于跨国公司有更多、更频繁的外汇交易，受到汇率风险的影响更为直接，因此前人关于汇率风险管理的研究都是基于跨国公司，而忽视了非跨国公司。本书首次将风险管理理论应用于非跨国公司，发现经营对冲是现有汇率风险管理方法中对非跨国公司较为行之有效的汇率风险管理方法。这不仅拓展了风险管理理论适用范围，还为非跨国公司的汇率风险管理指明了方向。

第三，将非跨国公司作为汇率风险的研究对象，发现非跨国公司无论是从股票回报上还是现金流上均受到汇率波动的影响，解决了理论模型与实证研究之间的差异，进一步完善了公司价值理论。理论模型的研究表明，汇率波动不仅仅会影响到跨国公司也会影响到非跨国公司，然而在实证研究中却缺乏对非跨国公司的关注。为了解决理论模型研究与实证研究之间的差异，本书首次以非跨国公司为专门研究对象，发现非跨国公司也显著受到汇率波动的影响，用实证研究的方式证明了理论模型的正确性。

目 录
CONTENTS

第1章 导论 / 1

1.1 研究背景与动机 …………………………………………………… 1
1.2 研究意义 …………………………………………………………… 3
    1.2.1 研究的理论意义 ……………………………………………… 4
    1.2.2 研究的实践意义 ……………………………………………… 5
1.3 研究内容与方法 …………………………………………………… 6
    1.3.1 研究内容 ……………………………………………………… 6
    1.3.2 研究思路 ……………………………………………………… 8
    1.3.3 研究方法 ……………………………………………………… 11
1.4 研究创新 …………………………………………………………… 13
1.5 研究结构与框架 …………………………………………………… 14

第2章 理论基础与文献回顾 / 16

2.1 理论基础 …………………………………………………………… 16
    2.1.1 公司价值理论 ………………………………………………… 16
    2.1.2 汇率传递理论 ………………………………………………… 18
    2.1.3 风险管理理论 ………………………………………………… 21
2.2 文献综述 …………………………………………………………… 23
    2.2.1 汇率波动对公司的影响 ……………………………………… 23
    2.2.2 汇率波动对公司的传导路径 ………………………………… 30
    2.2.3 公司的汇率风险控制 ………………………………………… 34

2.2.4　我国的研究现状 ……………………………………………… 37
　　2.2.5　文献评述 …………………………………………………… 39

第3章　汇率波动对非跨国公司股票回报率与现金流的影响 / 42

　3.1　引言 ……………………………………………………………… 42
　3.2　文献回顾与研究假设 …………………………………………… 45
　　3.2.1　汇率波动与公司汇率风险 ………………………………… 45
　　3.2.2　汇率波动与汇率改革 ……………………………………… 47
　　3.2.3　公司特征与公司汇率风险 ………………………………… 48
　3.3　研究设计 ………………………………………………………… 51
　　3.3.1　样本选择与数据来源 ……………………………………… 51
　　3.3.2　变量定义与数据说明 ……………………………………… 51
　　3.3.3　模型选择 …………………………………………………… 55
　　3.3.4　描述性统计 ………………………………………………… 56
　3.4　实证结果分析 …………………………………………………… 58
　　3.4.1　汇率波动对公司的影响 …………………………………… 58
　　3.4.2　汇率改革与汇率波动 ……………………………………… 65
　　3.4.3　稳健性检验 ………………………………………………… 70
　3.5　本章小结 ………………………………………………………… 71

第4章　汇率波动对非跨国公司的竞争传导机制 / 73

　4.1　引言 ……………………………………………………………… 73
　4.2　文献回顾与研究假设 …………………………………………… 76
　　4.2.1　汇率波动的传导方式 ……………………………………… 76
　　4.2.2　产品特征与竞争机制的作用 ……………………………… 79
　4.3　研究设计 ………………………………………………………… 80
　　4.3.1　样本选择与数据来源 ……………………………………… 80
　　4.3.2　变量定义与数据说明 ……………………………………… 80
　　4.3.3　模型选择 …………………………………………………… 84

  4.3.4 描述性统计 ······················· 85
 4.4 实证结果分析 ························ 87
  4.4.1 竞争机制的传导作用 ·················· 87
  4.4.2 竞争机制对行业的影响 ················· 98
  4.4.3 稳健性检验 ······················ 102
 4.5 本章小结 ·························· 103

第5章　非跨国公司的汇率风险管理 / 105

 5.1 引言 ···························· 105
 5.2 文献回顾与研究假设 ···················· 108
 5.3 研究设计 ·························· 112
  5.3.1 样本选择与数据来源 ·················· 112
  5.3.2 变量定义与数据说明 ·················· 113
  5.3.3 模型选择 ······················· 115
  5.3.4 描述性统计 ······················ 116
 5.4 实证结果分析 ······················· 118
  5.4.1 经营对冲帮助非跨国公司缓解汇率风险 ········· 118
  5.4.2 稳健性检验 ······················ 132
 5.5 本章小结 ·························· 134

第6章　结论 / 136

 6.1 研究结论 ·························· 136
  6.1.1 汇率波动对非跨国公司的影响 ············· 136
  6.1.2 汇率波动对非跨国公司的传递路径 ··········· 137
  6.1.3 非跨国公司的汇率风险管理 ·············· 138
 6.2 政策建议 ·························· 139
 6.3 局限性及研究展望 ····················· 140

参考文献 ······························· 142
后记 ································· 158

第 1 章

导　　论

1.1　研究背景与动机

　　自 1994 年开始，人民币实现了人民币汇率与国际外汇市场的调剂并轨。但由于人民币在 2005 年以前一直只是单一盯住美元，因此其波动幅度较小，汇率基本保持在 8.2 左右。2005 年，中国人民银行宣布进行人民币汇率改革（简称"汇改"），调整人民币汇率的形成机制，至此，人民币开始了连续三年的升值过程，且升值幅度不断加大，由第一年的 3.4% 增加到第三年的 6.5%，累计涨幅超过 20%。2008 年，由于全球金融危机的爆发，央行为了稳定人民币汇率而重启了固定汇率制度，一直到 2010 年才继续进行汇率改革，称为二次汇改。两次汇改虽然并不连续，但目标都是一致的，即使人民币汇率浮动机制朝着市场供求所决定的弹性汇率机制转变。2015 年由中国央行自我主导的"811 汇改"，使人民币一夜之间贬值 4%，在随后的几个月中，离岸人民币更是大幅跳水，单日波幅达到 400 点。此次央行改革的最核心目标是坚定地放弃以美元为标准的人民币汇率形成机制，转而以篮子货币综合定价形成人民币汇率，同时扩大人民币的波动幅度，加强人民币波动的市场性。可以看到我国的汇率波动有两个重要的特点：第一，汇率波动开始得较晚，还不足 10 年，是年轻的汇率波动市场。第二，汇率波动的方向由单边走向了双边，同时波动幅

▶▶ 汇率波动、竞争机制与非跨国公司汇率风险

度不断扩大，变得越来越难以预测。

在这样的汇率波动背景下，与汇率波动关系紧密的跨国公司会受到影响是一个显而易见的问题。根据《经济参考报》报道，航空企业和部分大型跨国企业的利润受到人民币贬值的影响比较大，据匡算，对这些企业而言，人民币兑美元每贬值1%，就会有数亿元的利润蒸发掉。① 那么看上去与汇率波动关系不紧密的非跨国公司是不是可以免于汇率波动的影响呢？一个生产、销售东北米的企业其原料的购买和产品的销售均以人民币结算，是一个典型的非跨国企业。当人民币升值时其竞争对手泰国米的价格相对于中国消费者变得便宜，若市场需求不变，泰国米的销量就会增多而东北米的销量就会降低。这样，即使东北米企业是一个非跨国企业，它同样也会受到汇率波动的影响。然而关于非跨国公司汇率风险的研究并不充分，一方面，非跨国公司受汇率风险影响是间接的，容易被忽略；另一方面，学术界缺乏研究非跨国公司汇率风险的条件。

根据汇率传递理论，汇率波动主要通过两种途径影响公司。

第一种途径是流量传递模型（flow-oriented model）。该模型基于传统宏观经济学理论，认为汇率波动一方面产生折算风险，即使得企业持有的外币发生升值或贬值从而影响到企业。另一方面，汇率波动改变企业的竞争力和贸易地位，从而影响企业的收入，进而影响企业本身。例如，本币的升值使得进口商品价格降低，而与之竞争的本土产品竞争力发生下降，最终使得进口企业的收入提高而本土企业的收入降低（Dornbusch and Fisher，1980）。

第二种途径是存量传递模型（stock-oriented model）。该模型认为，汇率波动是货币供给的一种表现，当汇率贬值时表示本币供给增加。这些增加的资金会流入市场，或被消费或被投资。用于投资的这一部分中会有资金流向股市，推高股指，使得股票市场中的个股出现不同程度的股价上涨，进而提高企业股价从而影响到企业（Branson，1983）。

对于非跨国公司来说，理论研究认为其汇率风险传递路径主要适用于流量传递模型中的竞争传递机制（Marston，2001），但是这一机制却迟迟没有得到充分的实证研究检验。其主要原因在于：第一，难以度量企业在进行汇率风险

---

① 摘自2016年1月25日《经济参考报》。

管理前的汇率风险敞口。阿尔德和杜马斯（Alder and Dumas，1984）利用统计学中的回归方法度量了汇率风险敞口，即公司股票回报波动率对汇率波动率的敏感系数。这种度量方式度量的汇率风险是"净风险"，即公司采取了汇率风险控制方法后剩余的风险。关于汇率波动传导路径的研究主要使用的是发达国家的数据，这些国家的公司有丰富的汇率风险管理经验，使得回归方法度量的汇率风险敞口往往不显著。第二，难以找到较长的汇率单一方向波动的窗口期。继续分析东北米的例子，若人民币不断上下波动，则当月人民币的升值降低了东北米的竞争力，降低了东北米企业的估值，下月人民币贬值又提高了东北米的竞争力，提高了东北米企业的估值。这样此消彼长，相互抵消，可能使得最终东北米企业受汇率波动的影响并不显著，导致无法观测到竞争传递机制。

综上所述，非跨国公司的汇率风险并没有得到应有的关注，而随着全球经济一体化的不断加强，非跨国公司在本土会面临更激烈的来自海外商品的竞争并引发汇率风险。因此，研究汇率波动是否影响非跨国公司，通过什么路径影响，应该如何控制这种影响，显得刻不容缓。同时，我国现有的汇率环境十分有利于非跨国公司汇率风险传递机制的实证研究。第一，我国的公司在汇率风险管理上缺乏理论指导和实践经验，导致汇率风险管理效果不佳，利于我们对公司的汇率风险敞口进行测算。第二，我国自汇改以来人民币持续升值达3年，这样较长时间的纯升值环境利于我们对竞争机制的观测。因此，用我国的数据来研究非跨国公司的汇率波动竞争传递机制可以很好地克服现有研究的不足，填补相关研究的空白。

1.2 研 究 意 义

本书立足于研究汇率波动与非跨国公司，并从三个维度进行了分别阐述。首先研究了汇率波动对非跨国公司的影响程度。然后论证了汇率波动对非跨国公司的影响路径。最后从非跨国公司汇率风险传递路径出发，提出了适合于非跨国公司的汇率风险管理方法。这既具备理论价值，也具备实践意义。

1.2.1 研究的理论意义

首先，本书利用客观数据以实证研究的方法证明了汇率传递理论中的竞争传递路径。学术界很早就开始了关于汇率风险传递路径的研究，主要的传递路径为两种：第一种途径是流量传递模型（多恩布什和费舍尔，1980）。第二种途径是存量传递模型（布兰森，1983）。学者们主要围绕这两种模型展开实证研究，在存量模型方面，由于数据的限制，学者们只能证明汇率波动确实会使得进入股票市场的资金量发生变化，从而推动整个股票市场价格的上涨或者下跌，但是无法证明就个股来说，其价格的升高或者降低是否是汇率波动带来的外资投入的变化引起的，因为学者们无从得知购买个股的资金的资金来源（汤艳，2007；黄金老等，2001）。在流量模型方面，大部分的研究围绕汇率波动对公司现金流的直接传递，即汇率波动给有外汇交易的公司（即跨国公司）带来的直接的折算风险，经营风险和交易风险（Prasad and Rajan, 1995; Bredin and Hyde, 2010）展开。而在间接传递方面，即汇率波动通过改变公司所处的竞争环境来影响公司却一直没有得到有力的证实。这主要是由于三方面原因。第一，现有的研究主要以美国等发达国家的公司为研究对象。这些国家汇率波动历史较长，公司有较强的汇率风险管理能力，汇率风险对这些公司的净影响较低，甚至无法回归出汇率风险敞口，也无从发现汇率风险的传递机制。第二，想要观察汇率波动通过改变竞争环境从而影响公司这条路径需要一个汇率长期上行或者下行的区间。否则，汇率的不断变化虽然也改变了竞争结构且影响了公司，但是由于变化频繁，出现前后抵消的效应，就无从对这一路径进行观察。第三，为了克服上述的困难，西方学者们使用调查问卷数据研究竞争传递机制，通过询问管理者对风险的感知程度，以及管理者对竞争压力的感知程度来形成调查研究数据并进行实证研究（Bergbrant, Kaysia and Hunter, 2014）。但这些数据存在主观偏差，使得文章有结论不够客观的缺陷。

本书使用我国汇改之后的上市公司数据进行研究，很好地克服了现有研究的以上三点不足。第一，我国的汇率波动开始较晚，我国的公司汇率风险管理经验十分缺乏，使得我们很容易通过回归的方式估算公司的汇率风险敞口。第二，我国自 2005 年汇改以来，特别是 2006~2007 年出现了一个汇率完全上行的区间，这一区间十分利于我们观察汇率波动是如何改变竞争结构从而影响公司的。第三，由于以上两个条件的存在，本书的研究数据都是客观数据，克服了前人主观数据的缺陷。因此，本书首次利用客观数据证明了汇率传递理论中的竞争传递路径。同时明确了相对于跨国公司来说，竞争对于非跨国公司是更主要的汇率风险传递方式，完善了汇率传递理论在不同公司性质下的适用程度。

其次，本书进一步明确了竞争传递路径的适用范围。根据竞争传递机制的理论逻辑，汇率波动改变了市场上进口商品的价格，使得与之竞争的本土产品的竞争力发生改变，从而影响到非跨国公司。这一逻辑存在的潜在条件是，汇率波动对进口商品价格产生的影响足够使进口商品和本土商品形成竞争关系。若进口商品本身价格高于国产商品许多倍，以至于人民币出现极大幅度的增值才能使两者出现可替代性，那么常规的汇率波动对这类产品的竞争结构就不会产生很大的影响。而这一点，在以往的实证研究中未被提及。因此，本书对汇率传递理论中的竞争传递路径进行了进一步的研究，发现竞争传递路径并不适用于所有的行业，它仅在产品替代程度高的行业发挥作用。这一结论明确了竞争传递路径的适用范围。

最后，本书拓展了风险管理理论的适用范围，证明了汇率风险管理理论不仅适用于跨国公司，也同样适用于非跨国公司。前人关于公司汇率风险管理方法的研究只关注了跨国公司（Stulz, Smit and Stulz, 1985；DeMarz and Duffie, 1992；Froot, Scharf and Stein, 1993）。这可能是由于跨国公司汇率风险敞口较高，受汇率波动影响较直接，而非跨国公司并未被证实有受到汇率波动的影响的缘故。本书发现了非跨国公司存在汇率风险之后，进一步研究非跨国公司汇率风险管理方法，拓展了风险管理理论的作用范围。同时发现与跨国公司不同，金融对冲是跨国公司的主要风险管理方式，而经营对冲是非跨国公司的主要风险管理方式。

1.2.2　研究的实践意义

正如前文提到的，全球一体化进程正在不断加速，各经济体之间越来越"亲密无间"。在这样的环境下，非跨国公司不再是一个封闭国家中的独立个体，而是世界经济的参与者，它势必会受到世界经济环境变化的影响。本书的研究对这些非跨国公司具有重要的实践意义。

第一，对非跨国公司的汇率风险提出了警示。非跨国公司由于外汇交易不足10%，往往被认为不受汇率波动的影响。殊不知汇率波动对这类公司的影响不是通过简单的直接影响，而是通过改变公司的竞争环境而产生间接的影响。本书首次将非跨国公司作为汇率风险的研究对象，发现非跨国公司无论是从股票回报率上还是现金流上均受到汇率波动的影响，为非跨国公司提出了风险警示。

第二，找到了非跨国公司的汇率风险传播路径——竞争，帮助非跨国公司从风险源头入手进行风险控制。在证明了非跨国公司的确存在汇率风险之后，我们找到了非跨国公司的汇率风险传递路径——竞争。这一路径的明确为非跨国公司进行汇率风险管理找到了源头，只有找到了风险的源头，非跨国公司才能从此处出发，找到合适的汇率风险管理方法。

第三，明确了经营对冲对非跨国公司汇率风险的作用。汇率风险管理方式主要有金融对冲、经营对冲和盈余管理。金融对冲主要针对有直接外汇交易的公司，而非跨国公司外汇交易较少，金融对冲对其的作用不明显。其次，盈余管理并不是一种真正意义上的汇率风险管理方法，它仅仅是通过对盈余的调整使得公司看上去不太受到汇率波动的影响，而没有从根本上帮助公司缓解汇率风险。经营对冲则是对非跨国公司来说最为可行的汇率风险管理方法，由于非跨国公司的汇率风险来源是竞争这一公司的日常经营活动，因此经营对冲可谓是"对症下药"。本书证明了经营对冲对非跨国公司的汇率风险具有显著的缓解作用，帮助公司找到了行之有效的汇率风险管理方法。

1.3　研究内容与方法

1.3.1　研究内容

首先，本书以非跨国公司为研究对象，关于非跨国公司的界定主要从两个方面入手。一部分学者将在海外设有分支机构的公司定义为跨国公司，反之将在海外没有分支机构的公司定义为非跨国公司。这一定义完全按照跨国公司和非跨国公司的字面含义来界定，但是其不足之处在于，许多公司即使设置了海外分支机构，但这些机构并没有为公司带来价值。特别在中国，许多所谓的跨国公司在海外注册商标并设立办事处，但实际上其一切生产经营活动均发生在国内，产品的销售也全部在国内。按照是否设立海外分支机构来界定跨国公司与非跨国公司似有不妥。为了避免这样的歧义，学者们提出了新的非跨国公司界定方法，即当公司的海外销售收入不足10%的时候将该公司视为非跨国公司。若里翁（Jorion，1990）、何和吴（He and Ng，1998）、郭飞（2012）等均在研究中以此方法来界定非跨国公司。这种方式也是近年来学术界使用的最广泛的界定方法。这种界定方法更接近于非跨国公司的本质，即非跨国公司之所以为非跨国公司，并不是因为是否存在海外分支机构，而是在于其日常的生产经营活动中是否将"跨国"业务作为主要的收入来源。

其次，本书关于汇率风险的定义也是广义的定义而不是狭义的定义。在狭义的定义中，汇率风险指的是折算风险、经营风险和交易风险。对于有外汇交易的公司来说，汇率波动会产生折算风险，即公司往往需要在处理资产负债表时将功能货币转换成记账货币，而汇率变动将会导致其发生账面损失的可能性；汇率波动会产生交易风险，即用外币来计价进行交易时，公司因汇率变动而产生损失可能性；汇率波动还会产生经营风险，即汇率变动引起的公司的销售价格以及成本等等的变化，从而引起公司收入降低的可能性。发生狭义汇率风险的重要前提就是这些公司需要有外汇交易，所引发的风险也是直接的风险。而在本书中，汇率风险是广义的汇率风险（阿尔德和杜马斯，1984），即由汇率波动直接或间接引发的公司股票价格的波动或公司现金流的波动。在广义的汇率风险定义中，我们看中的是股价变动和现金流变动的不确定性是否由于汇率波动而造成，无论是直接造成还是间接造成，只要源头是汇率波动，即称这种风险为汇率风险。

在以上定义的基础上，本书主要研究的是汇率波动对非跨国公司的影响，即汇率波动是否给非跨国公司带来了汇率风险。同时，还研究汇率波动是通过什么样的传导路径来影响非跨国公司的。最后，当非跨国公司的确受到汇率风险的困扰时,有什么行之有效的汇率风险管理方法能够帮助这些公司缓解汇率风险。

1.3.2 研究思路

首先研究汇率波动对非跨国公司产生的影响,主要从两个方面入手:一方面是市场指标,即股票回报率。看汇率波动是否影响了公司的股票回报率,即公司的市场价值。另一方面是会计指标,即现金流。看汇率波动是否影响了公司的现金流即公司的账面价值。现有的文献既有从股票回报率入手的,也有从现金流入手的,两者的衡量方式均各有利弊。本书同时从两方面入手,使得文章的覆盖面更为具体和全面。在模型的选择方面,本书首先使用普遍被采用的双因素模型来研究汇率变动与公司股票回报率的关系。

双因素模型已为多个经济学者所使用,如巴托夫(Bartov,1996)、巴托夫和博德纳尔(Bartov and Bodnar,1994)、格里芬和斯图尔兹(Griffin and Stulz,2001)、博德纳尔和金特里(Bodnar and Gentry,1993)等。但双因素模型的缺点在于控制变量过于单一。对股票回报率产生影响的因素不仅仅有市场回报率和汇率波动,还包括了其他的公司特征。为了使本书结论更可靠,进一步检验非跨国公司是否存在汇率风险,参考阿加沃尔和哈珀(Aggarwal and Harper,2010)、瓦茨(Watts,1992)、马勒和维尔肖(Muller and Verschoor,2007)、周和陈(Chow and Chen,1998)等的研究模型,在双因素模型的基础上加入市账比、规模等控制变量,控制住公司特征对回归结果的影响,使模型的吻合度更高。布雷丁和海德(2010)等认为,汇率波动对公司的影响主要表现在对现金流量的影响上,因此本书也将汇率波动对现金流的影响考虑在内,使用该文的现金流模型对风险敞口进行计量。

为了使结论更为稳健可靠,本书从多个角度分析汇率波动对非跨国公司的影响。首先,考虑到汇率风险的传递可能具有滞后性,为了找到最合适的影响窗口,本书将样本中所有的公司按照月度、季度、年度来估算汇率风险,发现对于非跨国公司来说,以季度为估算窗口时汇率波动的影响最为显著。然后,分别统计了样本中受到美元、港币和欧元这三大主要货币波动影响的公司,寻找对于非跨国公司来说影响最显著的货币。我们发现，美元波动对于非跨国来说影响是最为显著且程度最高的。进一步的，本书统计了正向敞口和负向敞口的公司的数量，一方面观察汇率波动对非跨国公司的具体影响方向；另一方面尝试解释产生负向影响和正向影响的原因。本书发现，当使用股票回报率为回归被解释变量时，汇率波动对非跨国公司的影响几乎一半是正向的，另一半是负向的。而当使用现金流作为回归被解释变量时，汇率波动对非跨国公司的影响几乎大部分都是正向的。这是因为，股票回报率是一个比现金流更为复杂的指标，它受到诸多因素的影响，例如公司的经营状况，投资者情绪等等。而现金流则更为纯粹，只要汇率波动给公司带来了正向的现金流入，则影响就是正向的。

与此同时，我们注意到研究的区间2006～2014年发生了重要的事件——第二次汇改。这种改革会从根本上改变我国汇率波动的方式，幅度和方向。因此，这种改革也势必会对非跨国公司带来一定的影响。为了观察这一重要事件对非跨国公司汇率风险造成的影响，本书将汇改前和汇改后公司的汇率风险敞口进行分别的估算，对受到显著影响的公司数量进行统计，发现汇率改革帮助非跨国公司缓解了汇率风险。

在发现汇率波动无论从股票回报率来说还是从现金流来说都会对非跨国公司造成影响之后，接下来本书研究的是汇率波动的传递路径。根据定义，非跨国公司是海外销售额低于10%的公司，因此，汇率波动对这类公司的传递路径可能不是直接的，或者说直接传递所产生的风险是有限的。因此，从间接传递路径——竞争入手，主要采用的方法仍然是回归分析法，通过回归分析观察竞争对公司汇率风险敞口的解释力度。前人的研究以两种方式来衡量"竞争"这个关键变量。伯格布兰特、凯西亚和亨特（2014）使用管理者对竞争程度的描述来衡量竞争能力，威廉姆森（Williamson，2000）则使用市场占有率来衡量竞争能力，这两篇是目前研究竞争机制的实证类代表性文章，因此遵照这两篇文章来衡量竞争能力。虽然我们没有调查问卷数据，无法完全使用伯格布兰特、凯西亚和亨特（2014）的方法，但是伯格布兰特、凯西亚和亨特（2014）在文中提到，管理者在谈到竞争压力时常常同步提到销售额和市场占有率，可见市场占有率是重要的竞争压力来源。结合威廉姆森（2000）衡量

▶▶ 汇率波动、竞争机制与非跨国公司汇率风险

美国公司的行业竞争能力的方法，本书使用公司销售额占行业总销售额的比例来衡量公司的竞争能力。通过回归分析发现，竞争对于非跨国公司的汇率风险敞口具有显著的解释力度，且这种解释力度会因为公司规模的不同而发生变化。公司规模越大竞争的解释力度越强，公司的规模越小竞争的解释力度越小。这可能是由于大规模公司市场占有率更高，因此当汇率波动时对其的影响面和程度就会更深。

为了进一步凸显竞争传递机制对非跨国公司的重要作用，本书做了一个对比分析。将跨国公司的汇率风险敞口进行评估，然后用竞争去解释跨国公司的汇率风险敞口。本书发现，对于跨国公司来说，海外市场的销售额才是风险的主要来源，而竞争对跨国公司的汇率风险解释力度非常低，几乎不显著。同时，海外销售额对于非跨国公司的汇率风险敞口不具有解释力度。这从侧面证明了竞争机制对于非跨国公司来说是主要的汇率风险传递机制。

为了进一步完善汇率风险传递理论，本书根据竞争传递机制的逻辑对竞争在不同行业的传递效果进行了对比。根据竞争传递机制的逻辑，只有当进口商品和本土商品具有较强的替代性时才能有竞争关系，随之汇率风险才得以被传导。换言之，竞争传递机制并不是对所有的商品都能有效地起到传递作用。本书通过分行业分析发现，当公司处在竞争充分，商品替代率高的行业时，竞争才能起到显著的作用。

在发现了汇率波动会影响非跨国公司且影响路径是竞争机制之后，本书试图提出对非跨国公司来说行之有效的汇率风险管理办法。风险管理理论指出，主要的汇率风险管理办法有金融对冲，经营对冲和盈余管理。金融对冲主要指公司通过购买金融衍生品来对汇率风险进行对冲。然而，公司使用金融衍生品的重要前提是公司有较多的外汇交易，显然非跨国公司并不符合这一条件，因此金融对冲可能不是合适的汇率风险管理手段。盈余管理虽然可以使得公司看上去没有受到很多汇率波动的影响，但是实际上并没有缓解公司的汇率风险，只是将已经产生的风险进行了适当的隐藏，这种方式不能从根本上帮助公司控制汇率风险。经营对冲从逻辑上是更适合非跨国公司的汇率风险管理方式，因为非跨国公司的汇率风险传递路径是竞争，而竞争正是非跨国公司日常生产经营活动的一部分，因此以经营对冲的方式来控制非跨国公司的汇率风险是从源

头上解决问题,是行之有效的。

根据前人的研究,在经营对冲方面,由于我国并未强制公司进行外汇经营对冲的披露,因此数据较难获取。本书关于经营对冲的数据是从巨潮数据库中公司的年报、公告等进行关键词搜索获得的。根据崔(Choi,1986)、艾伦和潘赞利(Allen and Pantzalis,1996)的研究,以下行为均被视为经营对冲行为:更换供应商(供应商需要有跨国背景或进出口背景),公司银行存款科目的货币种类除人民币之外还有其他一种或多种外币,公司发行外币债务,公司选择发行H股,公司选择发行B股。在收集了关于经营对冲的数据之后,本书通过回归分析的方式,观察经营对冲对公司汇率风险敞口的解释力度,来判断经营对冲是否起到了关键作用,同时由于非跨国公司并不是完全没有外汇交易的公司,为了使结论更可靠,在回归中本书还以是否使用金融对冲做了控制变量,以控制金融对冲对结果的影响。研究发现,经营对冲对公司的汇率风险敞口具有显著的解释力度。同时,本书将使用了经营对冲和未使用经营对冲的非跨国公司进行对比,发现使用了经营对冲的公司其汇率风险敞口更小,公司运营状况更好。

为了从多角度证明经营对冲的重要性,本书使用了倾向得分匹配法将跨国公司和非跨国公司进行了对比研究。首先,发现一个有趣的现象:跨国公司与非跨国公司比起来汇率风险敞口竟然更低,产生这一结果的原因并不在于跨国公司汇率风险暴露得更少,而在于跨国公司可能使用了更好的汇率风险控制方法。因此,本书将跨国公司与非跨国公司按照行业和规模进行倾向得分匹配,观察两组公司汇率风险敞口产生差异的原因,发现跨国公司汇率风险敞口更低,正是由于其使用了经营对冲对汇率风险进行控制。可见,非跨国公司想要缓解汇率风险,也应该考虑从经营对冲入手。

1.3.3 研究方法

本书主要采用了以下两种研究方法:文献研究法和实证分析研究法。

文献研究法主要是对已有的研究进行梳理,找出已有研究的不足并从不足入手开展研究。通过对国内外相关经典文献的大量阅读,主要从以下几个方面对文献进行梳理。首先，找出了本书的理论基础，即公司价值理论，汇率传递理论和风险管理理论。然后从三个基础理论出发对文献进行进一步的细分。在公司价值理论方面，学者们主要从投资者对公司价值的评价方法以及管理者关注的影响公司价值的因素两个方向展开，其中影响公司价值的因素又分为宏观因素和微观因素，本书研究的汇率波动对非跨国公司的影响属于公司价值理论下，宏观因素——汇率波动对公司价值影响的研究。前人关于这一部分的研究主要关注点是汇率波动是否影响了公司，影响了哪些公司。本书分别从是否影响和影响了哪些公司的问题出发，对文献进行了分别的梳理。在汇率传递理论方面，主要有两种传递路径，流量传递模型和存量传递模型。流量传递模型即汇率波动通过改变公司的现金流而影响公司，这种传递可以是直接的也可以是间接的。直接的传递产生狭义的汇率风险，即折算风险、交易风险和经营风险。间接的传递产生广义的汇率风险，即由汇率波动引起的公司的股票回报率和现金流量不确定性的变化。本书研究的是流量传递模型下，汇率波动通过竞争机制间接传导给非跨国公司的汇率风险。前人关于这一部分的研究主要是竞争机制的理论模型是否能建立，实证研究是否能证明理论模型的真实性。本书也从这个两个方面入手对文献进行了总结。在汇率风险管理理论方面，主要的汇率风险管理方法有经营对冲、金融对冲和盈余管理。学者们主要研究这些汇率风险管理方法是否有效以及对哪些公司有效。从汇率风险管理的三种方法出发，分别总结梳理了汇率风险管理方法的效果以及作用的对象。

  本书对这些相关理论和文献进行了归纳和总结，对这些文献进行了整体的研究现状的评述，并从这些文献的研究不足出发，引出研究动机，搭建本书的研究框架，形成本书的研究逻辑。

  另外，笔者还使用了实证研究法。通过实证研究法，分析了汇率波动对非跨国公司的影响程度、竞争机制对非跨国公司汇率风险敞口的解释力度以及经营对冲对非跨国公司汇率风险敞口的解释力度。具体采取的方法有：OLS 回归法、Logistic 回归法、T 检验、LLC 检验、倾向得分匹配法等。本书所使用的微观数据，如我国上市的非跨国公司及跨国公司的数据来自于 CSMAR 国泰安金融数据库，宏观数据，如汇率等数据取自于万德数据库，最后，本书使用的统计工具为 Stata14.0 软件。

1.4 研究创新

本书在前人研究的基础上搭建了理论研究框架，形成了本书的逻辑，并有如下创新点。

第一，使用客观数据证明了竞争传递机制的存在，完善了汇率传递理论，为汇率传递理论提供了实证的支撑。现有的研究无法用客观数据证明汇率传递机制的存在是由于他们使用发达国家数据，这使得汇率风险敞口难以测量，同时没有汇率长期上行或下行的区间供学者观测。本书使用中国数据，很好地克服了以上两个限制。首先，中国的汇率波动时间不长，汇率风险管理能力较低，汇率风险敞口可以被计算。其次，汇率改革后人民币有持续升值窗口。这为本书用客观数据证明竞争传递机制的存在创造了良好的外在条件。同时，本书根据竞争机制的潜在逻辑进一步明确了竞争机制的适用范围，即竞争机制并不适用于所有的公司，只有那些处在产品替代水平高的行业的公司才适用于汇率波动的竞争传递路径。

第二，将汇率风险管理理论应用于非跨国公司，拓展了汇率风险管理理论的适用范围。前人关于汇率风险管理的研究都是基于跨国公司，这可能是由于跨国公司有更多更频繁的外汇交易，受到汇率风险的影响更为直接。同时，由于非跨国公司汇率风险研究的缺乏，使得学者们忽视了非跨国公司的汇率风险管理。本书首次将风险管理理论应用于非跨国公司，发现经营对冲是现有汇率风险管理方法中对非跨国公司较为行之有效的汇率风险管理方法。这不仅仅丰富了风险管理理论，还为非跨国公司的汇率风险管理指明了方向。

第三，将非跨国公司作为汇率风险的研究对象，发现非跨国公司无论是从股票回报上还是现金流上均受到汇率波动的影响，解决了理论模型与实证研究之间的差异，进一步完善了公司价值理论。理论模型的研究表明，汇率波动不仅仅会影响到跨国公司，也会影响到非跨国公司，然而在实证研究中却缺乏对非跨国公司的关注。为了解决理论模型研究与实证研究之间的差异，本书首次以非跨国公司为专门研究对象，发现非跨国公司也显著受到汇率波动的影响，用实证研究的方式证明了理论模型的正确性。

1.5 研究结构与框架

第1章为导论，是对全文的简要概括与描述，主要包括本书的研究背景与研究动机，研究的理论意义与研究的实践意义，研究的内容，研究的思路，研究的方法。同时包括论述的研究创新，即本书的核心亮点。最后，导论章节还包含本书的研究框架，是本书的重要逻辑结构。

第2章为理论基础与文献回顾，主要由两个部分构成：一是本书的理论基础；二是每个理论基础下的具体文献梳理。理论基础部分主要涉及三个重要理论，分别是公司价值理论、汇率传递理论和风险管理理论。该部分主要阐述了这三个理论的历史起源以及理论的具体内容。按照这三个基础理论，文献综述在每个理论的分支下对与本书密切相关的文献进行了具体的梳理。在公司价值理论方面，主要梳理了影响公司价值的宏观因素——汇率波动对公司价值的影响。在汇率传递理论主要梳理了汇率传递理论的两个传递模型，以及流量模型下的竞争传递机制。在风险管理理论方面，主要梳理了汇率风险管理的三个具体方法，以及公司对这三个方法使用情况及适用范围。最后，文献回顾章节对所回顾的文献进行了总结，找出前人研究的精华以及不足，并在此基础上提出本书的研究动机。

第3章到第5章为本书的实证研究部分，以我国上市的非跨国公司为研究对象，研究这些公司的汇率风险的一系列问题。在第3章中，主要研究了汇率波动是否对非跨国公司产生影响；影响的程度和方向如何。同时，汇率改革前后这种影响是否发生了变化。在第4章中，讨论了非跨国公司的汇率风险传递路径——竞争传递机制。同时根据竞争传递机制的逻辑明确了竞争传递机制的具体适用范围；在第5章中，研究了现有的汇率风险管理方法是否适用于非跨国公司，特别是经营对冲是否是非跨国公司行之有效的汇率风险管理手段。以上3章是本书的主体部分，以发现问题，找出问题的作用机理以及解决问题为逻辑思路进行相互串联。

第1章 导　论

第6章为结论。结论章节是对全书的总结性章节，分别列示了本书的重要研究结果和研究结论，并在文章的结论基础上提出了与非跨公司相关的具体建议。同时本章还包括了本书的不足以及对未来的展望。

本书的结构框架如图1-1所示。

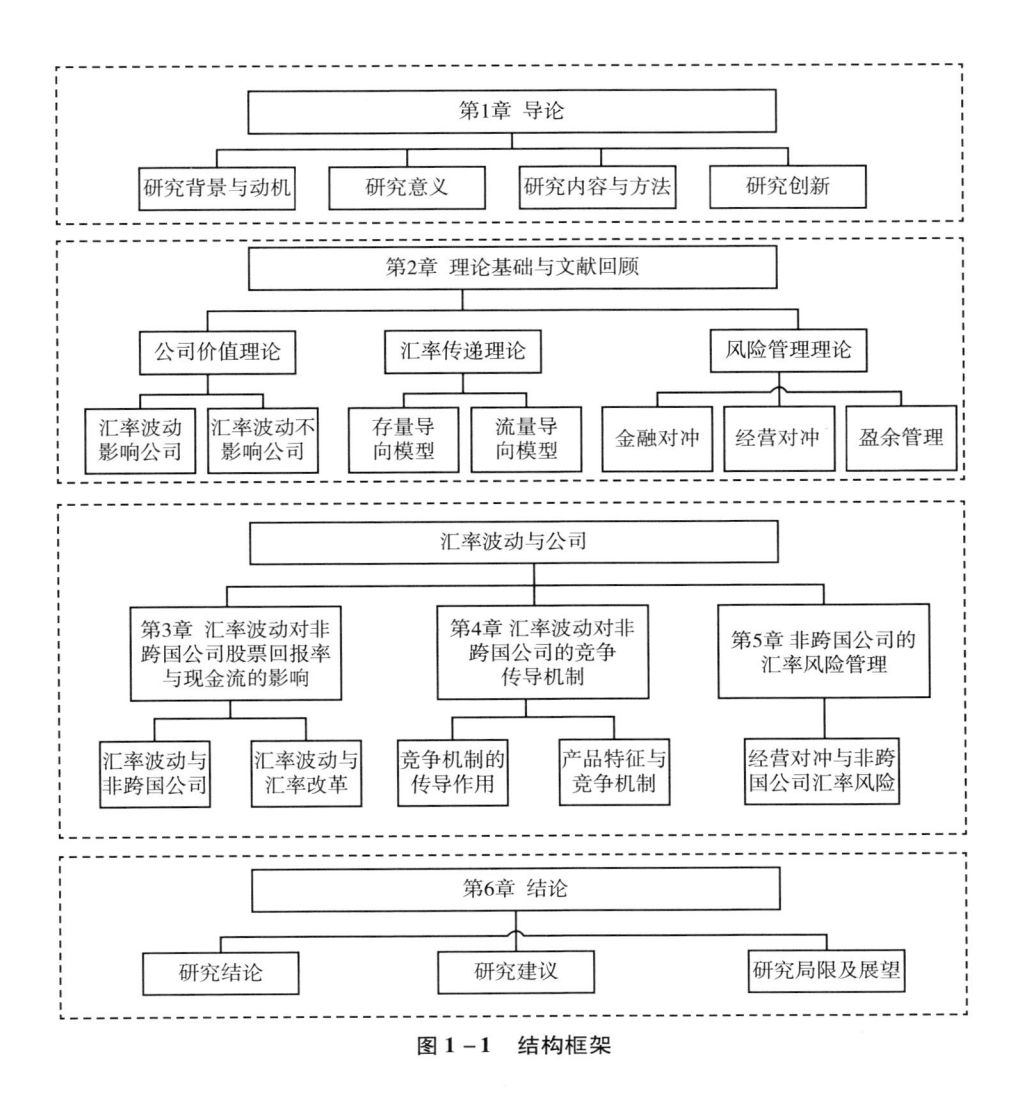

图1-1　结构框架

第 2 章

理论基础与文献回顾

2.1 理论基础

2.1.1 公司价值理论

在生产经营活动中，无论是管理者还是投资者都十分关注公司的价值。对于管理者来说，了解公司的价值才能从中找到提升业绩从而提升价值的方法，公司价值的提升是管理者业绩和能力的重要体现。对于投资者来说，公司是否值得投资的重要判断标准就是公司的价值。投资者都希望能够将有限的资产投资到价值更高的公司上，从而取得更高的价值回报。

关于公司价值的研究主要从两个方面展开，这两个方面恰恰也是从投资者和管理者的角度入手的。一方面是如何评估公司价值，这是投资者关心的问题，准确对公司估值是有效投资的第一步。另一方面是影响公司价值的因素，这是管理者关心的问题，了解影响公司价值的因素才能找到提高公司价值的着力点。

在公司价值评估方面，学者们主要从两个维度对公司价值进行评估。首先是会计维度，这也是最早的，且迄今为止应用最为频繁和广泛的公司价值评估方法。其中，最有代表性的模型是欧文·费舍尔（Irving Fisher，1906）在著名的学术专著 The nature of capital and income 中提出的 Discounted cash flow method，简称 DCF，即我们常说的现金流折现模型。该模型的核心思想是，公司价值是未来现金流的折现。使用这种方法的前提是公司的未来现金流可以被准确估计，同时折现率也可以被准确地获得。另一种与之类似的方法是 Dividend discounted model，简称 DDM，即我们常说的现金股利贴现模型。该模型的计算形式与 DCF 十分类似，但是所使用的评估公司价值的主体变成了公司未来发放的股利，将股利进行贴现计算出公司的价值。这种方法更主要的是站在投资者的角度。但无论是 DCF 模型还是 DDM 模型都存在着一些缺陷，首先，未来现金流与未来股利都是难以准确估计的。其次，贴现率的选择也是一个难题。最后，仅仅从现金流和股利的角度出发对公司价值进行估计显得有些单薄，没有充分考虑到公司生产经营活动的各个环节，其评估的准确性容易被质疑。因此，学者们寻找更立体的公司价值评估方法，即从市场的维度对公司价值进行评估。由夏普、林特纳、特雷诺和莫辛（Sharpe，Lintner，Treynor and Mossin，1964）提出的 capital asset pricing model，简称 CAPM，即资本资产定价模型是最有代表性且应用最为普遍的从市场角度出发的公司定价模型。该模型用公司的股票回报率来衡量公司的价值，而股票的价格是市场上各类投资者对公司情况进行综合考虑之后给出的价格，信息含量更为丰富和全面。但该模型的一个重要前提就是市场对公司的评估是理性的。

可以看到，无论是哪一种公司价值评估方法，都会存在一定的缺陷和限制，因此无论是在学术研究中还是在管理实践中，往往都会同时运用多种评估方法，使得对公司价值的判断更为准确。

关于公司价值影响因素的研究，最为经典的是莫迪利亚尼和米勒（Modigliani and Miller，1958），该文章通过理论模型的推演证明了公司价值与公司的资本结构，即债务融资与股权融资的比例，是没有关系的。同时，公司的股利政策与公司的价值也是没有关系的。这就是著名的 MM 理论。MM 理论成立的环境十分苛刻，如没有交易费用、没有信息不对称、没有个人所得税、没有破产成本，等等，因此，该结论与现实状况相距较远。但是 MM 理论的提出仍然具有重要的意义，学者们从 MM 理论出发逐步放松该理论成立的条件，对影响公司价值的因素进行了探索。莫迪利亚尼和米勒（1963）对 MM 模型进行了修正，提出在考虑了债务的节税效应之后，提高债务在资本结构中的比例能提高公司价值。迈尔斯（Myers，1976）则将信息不对称理论引入到公司价值当中，认为由于公司和外部投资者等之间的信息不对称，公司会通过改变资本结构来向外界传递信息，以降低信息不对称的情况。例如，较好的公司破产成本较低，因此可以通过多发行债务来宣告公司经营状况良好，有很高的偿债能力。从信息不对称角度出发的研究还有权衡理论（Mayers，1984）、优序融资理论迈尔斯和麦吉罗夫（Myers and Majluf，1984）等。这些理论均认为信息不对称会影响公司的资本结构，从而影响公司的价值。詹森和麦克林（Jensen and Meckling，1976）则从代理问题的角度研究了公司价值。他们认为股东和管理者之间存在着利益冲突，管理者的在职消费行为会损害股东的利益，降低股东对公司价格的评估。而缓解这一代理问题的方法就是给予管理者一定比例的股份，使得管理者与股东利益趋同。

无论是从哪个角度研究影响公司价值的因素，学者们都没有十分统一的观点，并没有提出哪个因素是最重要的因素，哪个因素是次重要的因素，仅仅只是讨论了在不同环境下各个因素起到的作用。因此在考虑公司价值影响因素时还应该综合考虑。

2.1.2 汇率传递理论

直观上我们常常认为影响股价的主要是公司本身的特质，如公司的经营状况，公司的投资效率，公司的规模和所处的行业等。但实际上，宏观经济是公司赖以生存的大环境，宏观经济环境的变动势必会影响到公司的投资、融资和日常生产经营活动。因此，汇率作为重要的宏观经济因素，其变动也会对公司造成一定程度的影响。

关于汇率变动与股价之间的关系，学者们很早就从理论上进行了研究。学者们认为，汇率对股价的作用方式主要存在两种途径，第一种是布兰森（1983）提出的存量导向模型。该模型的核心观点是，股票价格的波动会引起货币需求的变化从而影响汇率。具体为：当股票价格上升时，它不仅仅吸引国内投资者，还会吸引国外投资者。国外投资者想要投资股票不能直接用外币投资，而是需要将外币兑换成本币。此时，对本币的需求就会大幅度上升。在布雷顿森林体系瓦解之后，许多发达国家的汇率都是自由浮动的，并且这种浮动是由货币供求决定的。因此，当货币需求上升而货币供给没有变化时，本币升值，汇率下跌。反之，当股票价格下跌时，股票市场的海外投资者将会对该股票市场失去兴趣，他们会想要拿出资金并投入到其他繁荣的市场中去。此时，他们需要将卖出股票后的收益兑换成他们的本币，使得货币的需求降低。当货币供给不发生变化时，这种货币需求的降低会使得本币贬值，汇率上涨。可以看到，布兰森（1983）认为股票价格是汇率波动的原因。在后期的研究中，学者们对这一理论进行了进一步的扩展，发现不仅仅是股票价格的变动可以影响到汇率变动，汇率的变动也会影响到股票的价格，两者是互为因果的。汤艳（2007）认为，当人民币升值的时候，说明市场上对人民币的需求发生了增加，此时若央行想要稳定汇率，阻止这样的升值，就会释放出一部分基础货币，加大货币的供给以满足这种增长的需求，从而达到稳定汇率的目的。这些增加的货币供给会流入市场，可能被用来消费，也可能被用来投资。若这些新增的供给用于投资，则很有可能流入股票市场，由于这些资金的流入，股票市场的流动性增加，整个股票市场的市值都会升高，因此在股票市场中交易的个股其价格也会不同程度地上升。黄金老（2001）则将汇率与利率结合起来分析汇率与股价之间的关系。他认为，当利率上升时，投资的热情就会升高，特别是海外投资者，当海外投资者发现不同国家之间资金的回报率不同时，这些海外资金就会流向回报率高即利率高的国家。而想要在这些国家进行投资必须兑换该国的货币，因此，对这些国家货币的需求量也就随之上升，在货币供给不改变的情况下使得本币升值，汇率降低。进一步的，这些海外投资者的主要目的就是为了投资，而股票市场由于风险较高，其资本回报率往往显著高于该国的基础利率。因此，这些海外投资者会将货币投入股票市场是有充足的动机和极大的可能性的。这些资本的流入会推高整个股票市场的市值，从而使得市场中的个股价格提高。反之，当利率回落时，这些海外资本会急于退出冷市场而转向新的热市场，资金的退出会降低股票市场的流动性，降低整体市值从而使得股票市场中的个股价格发生下跌。同时，这些资金撤出整个该国的投资市场，需要将该国货币兑换成他国货币，使得该货币的需求下降，货币贬值，汇率上升。

综上所述，我们可以看到，无论是股票价格影响了汇率还是汇率影响了股票价格，两者通过货币供给量而产生联系是学者们共同认可的事实。

汇率对股价作用的第二种途径，是由多恩布什和费舍尔（1980）提出的流量导向模型。该模型的核心思想是：汇率波动会改变一个国家的国际竞争力和贸易收支，这种改变引起该国国际收支的变化，从而影响到公司的股价。具体地说就是，当一国汇率贬值时，其产品相对于海外其他国家来说变得更为便宜，竞争力提高，销售上升，公司股价上升。而当该国货币升值时，其产品相对于海外其他国家来说变得更为昂贵，竞争力下降，贸易地位降低，销售下降，公司股价下降。这一模型的重要传递路径就是通过公司的现金流，即汇率波动改变了国家的国际竞争力和贸易地位，从而影响了该国公司的现金流进，而影响了公司的股价。学者们对这一模型不断拓展和完善，一部分学者认为，汇率波动通过改变竞争环境从而改变公司现金流而改变股价。夏皮罗（Shapiro，1975）、卢伦（Luehrmn，1990）、阿莱亚尼斯和伊里格（Allayannis and Ihrig，2001）、马斯顿（2001）等均认为，竞争环境的改变是公司受汇率波动影响的首要途径。这不仅仅如多恩布什和费舍尔（1980）所认为的，汇率波动改变了外贸公司、跨国公司所面临的国际竞争环境，还改变了本土竞争环境。例如，A公司是一家本土公司，B公司是一家外贸公司，两个公司所销售的产品均为大米，所不同的是，A公司销售的为本土种植的大米，而B公司销售的是进口大米。当本币升值时，进口大米的价格下跌，对于本土消费者来说进口大米变得便宜了，这很可能吸引一部分购买本土大米的消费者来购买进口大米，这样，市场的竞争环境就发生了改变，进口大米的竞争力变强了。在总需求不变的前提下，本土大米的销量会降低，则A公司的收入会减少，现金流入减少，公司股票价格下跌。因此，汇率波动不但会改变国际竞争环境，还会改变本土竞争环境，从而影响到公司股价。阿加沃尔和哈珀（2010）则从价值链的角度对Flow-oriented model进行了拓展，解释了汇率波动对公司的影响。他们认为，汇率波动改变了公司的成本，从而改变公司的现金流和股票价格。例如，A公司的生产原料全部来自于本国，产品也全部销往本国。其中A

公司的一个重要原料来自 B 公司，而 B 公司为了生产该原料必须进口一种商品 1。如此一来，当本国货币升值时，商品 1 的价格就相应下降，使得 B 公司生产的 A 公司需要的原料价格降低，这样在价格不变的条件下，A 公司的生产成本降低而利润升高，现金流增加，股价上升。反之，当本国货币发生贬值时，商品 1 的价格上升，B 公司生产的 A 公司所需要的原料价格升高，若 A 公司产品的售价不变，则 A 公司的利润降低。若 A 公司提高售价，则很可能销售的总量降低。最终，使得 A 公司的现金流减少，股票价格降低。

总结说来，学者们认为，汇率波动会从竞争环境和价值链两个方面来影响公司的现金流，从而影响公司的股价。

2.1.3 风险管理理论

梅尔和赫奇斯（Mehr and Hedges）于 1963 年发表的著作《公司风险管理》（*Risk Management in the Business Enterprise*），以及威廉姆斯和海因斯（Williams and Heins, 1964）发表的著作《风险管理与保险》（*Risk Management and Insurance*）提出了风险管理理论，是公认的风险管理理论建立的标志。这两本学术著作均认为，风险管理不仅仅是一种方法、一种技术手段，而是一门复杂的学科。风险管理首先要明确风险产生的原因；其次要了解被管理的对象；最后要根据原因与对象选择合适的管理方法。若里翁在《风险价值——金融风险管理新标准》（*Value at Risk The New Benchmark for Controlling Derivatives Risk*）中用十分简短的一句话给予了风险一个经典的定义，即"风险为预期收入的不确定性"。这个定义中指出了两个与风险相关的重要指标，一个是"收入"另一个是"不确定性"。"收入"指明了风险的主体，特别是对于公司来说，风险就是围绕着收入的，而"不确定性"则指明了风险的特性，这种不确定性表现在难以预测、难以预防。对于公司来说，主要面对的风险有三大类，分别是经营风险、战略风险与金融风险。

简单说来，经营风险就是公司进行日常经济活动所产生的风险，该风险产生的原因来自于公司对利润最大化的追求。是公司在追求高利润和更高的股东利益时自然产生且自愿承担的一种风险。具体地说，这种风险来自生产成本的

▶▶ 汇率波动、竞争机制与非跨国公司汇率风险

变化，原料的持续供给，公司人员的稳定程度，行业技术革新情况，以及公司的财务杠杆水平，等等。与其他风险相比较，由于这类风险产生于公司所熟悉的日常经营活动当中，且多数风险主要是受公司内部因素影响，因此在风险预测上比其他风险类型要略容易一些，在风险控制上，公司由于能较准确地预测这类风险，因此控制起来也相对轻松。但是这并不表示公司可以忽视这种风险，相反，由于这类风险与公司生产经营活动息息相关，因此其产生的频率是很高的，应当引起相当的重视。

战略风险相较于经营风险来说更为复杂，因为产生战略风险的原因主要来自外部环境，而不是公司自身。这种外部环境主要指公司所面临的政治环境和经济环境。例如，当国家处于疾病蔓延的紧急状态时，处于医疗行业的公司就会因为国家政策的倾斜而得到快速的发展。而其他行业，如娱乐业则由于人们锐减的外出活动而受到致命的打击。经济方面，当国家整体经济处于繁荣期时，几乎所有的公司都会在这一时期受益并得到一定程度的发展；当国家经济整体处于萧条期时，基本所有的公司都会受到波及，出现业务量萎缩等情况。由于战略风险主要来自于公司外部，因此预测变得十分困难。且这一类风险往往属于系统风险，当风险发生时再采取措施，很可能为时已晚。因此，防范这类风险一般采取购买保险的形式。

金融风险在现代公司风险管理中出现的频率越来越高，也越来越受到管理者们的重视。这类风险的来源主要是利率、汇率和大宗商品价格的波动。利率的波动关系到公司的投资回报、融资成本，财务费用等。这几乎是每一个公司都要面临的风险，但在我国，利率市场化的进程刚开始不久，公司还没有很强的利率风险管理意识，同时银行推出的与之相关的风险管理产品也比较有限。汇率方面，汇率的波动会影响商品的成本、价格和竞争环境，若公司面临外汇交易，则常常使用金融衍生产品来对汇率风险进行管理。我国的汇率市场化改革还不足十年，汇率波动并不十分显著，但汇率风险敞口依然较大，其根本原因就在于公司的汇率风险管理意识不够强，管理能力较弱等。

风险是不会消失的，它只能通过被管理而减弱。因此，了解风险管理理论，推进风险管理理论的研究具有十分重要的意义。

2.2 文献综述

2.2.1 汇率波动对公司的影响

公司作为一个微观经济体,其赖以生存的环境就是宏观经济环境。宏观经济环境中的每一个因素都对公司产生着影响。而汇率是宏观经济环境的重要组成部分,汇率的波动也必然对公司产生一定的作用。直观上认为,汇率波动只会影响那些有外汇交易的公司,如进出口公司、外贸公司和跨国公司等。然而理论上认为,汇率波动不仅直接影响着有外汇交易的公司,还间接影响着非跨国公司。

首先,从汇率波动与股价的关系理论来说,汇率波动会对公司造成影响。且这种影响的范围是所有的公司,并不是某一类型的公司。布兰森(1983)提出的存量导向模型。核心观点是,股票价格的波动会引起货币需求的变化从而影响汇率。而货币需求与供给的变化影响着每一个公司,并不只是有外汇交易的公司。多恩布什和费舍尔(1980)提出的流量导向模型,其核心思想是汇率波动会改变一个国家的国际竞争力和贸易收支,这种改变引起该国国际收支的变化,从而影响到公司的股价。这个模型认为,汇率的波动会影响到公司的现金流。对于有外汇交易的公司来说,汇率波动会产生折算风险,即公司往往需要在处理资产负债表时将功能货币转换成记账货币,而汇率变动将会导致其发生账面损失的可能性;汇率波动会产生交易风险,即使用外币来计价进行交易时,公司因汇率变动而产生损失可能性;汇率波动还会产生经营风险,即汇率变动引起的公司的销售价格以及成本等的变化,从而引起公司收入的降低。这三种风险都是通过影响公司的现金流而对公司造成影响的。对于非跨国公司来说,汇率波动会改变公司所处的竞争环境、供应链环境,从而影响公司的现金流。例如,当人民币升值时,泰国米的价格相对于中国消费者变得便宜,国产米的竞争力就会降低,销量下降而使得收入减少。这是一个汇率波动

▶▶ 汇率波动、竞争机制与非跨国公司汇率风险

改变竞争环境而影响公司现金流的例子。再如，食品厂使用的进口小麦粉是向国内代理进口小麦粉的代理商购入的，采用纯本币交易。但是当人民币贬值时，小麦粉的价格就会上升，导致食品厂成本提高，利润降低，现金流减少。这是一个汇率波动影响供应链环境而影响公司现金流的例子。因此，从汇率与公司股票价格关系理论来说，汇率波动是会对公司产生影响的。

其次，从汇率风险的定义也可以看出汇率波动与公司价值的相关关系。若里翁（1990）认为，汇率风险即汇率每波动一个单位给公司价值带来变动的系数。从定义中可以看到，汇率波动的衡量方式就是汇率波动对公司产生的影响系数，这说明汇率波动对公司一定是有影响的才会有这样的系数存在。

综上所述，从理论上说，汇率波动一定会对公司产生影响。

在有了理论基础之后，学者们展开了大量的实证检验工作。

（1）汇率波动不影响公司。

乔琳（Jorin，1991）以美国上市公司为样本，使用贸易加权汇率（trade-weighted exchange rate）发现，1971~1978年，汇率波动对公司的影响不显著（1971年美国开始允许汇率浮动，自1971~1978年期间，美元波动剧烈）。他认为这是由行业因素导致的。例如，对于出口行业来说，美元贬值使其竞争力提高，公司收入上升。对于进口公司却恰恰相反，美元贬值使其成本提高，公司收入下降。类似这种上升和下降相互抵消，使得整体上来看汇率波动对公司没有影响。而将公司分行业研究时，情况就大为不同。但该文并没有对这一解释进行实证检验。芬纳蒂等（Finnerty et al.，1992）、科迪克等（Koedik et al.，2002）分别用 domestic CAPM 和 international CAPM 来计算公司的 β，发现在样本中仅有5%的公司的 β 的结果显著不同，说明汇率波动并未对公司造成显著的影响。作者认为可能的原因是：公司受本土因素影响太多，即存在 local bias。夏皮罗（1984）、佩滕格尔等（Pettengill et al.，1995）持有同样的观点，基于此，这些文献认为汇率波动与股票回报率之间的关系是"有条件的"而不是"无条件的"。例如，要将汇率上升期和汇率下降期分开讨论。格里芬（2002）将汇率变动加入传统的法玛—弗兰奇（Fama – French）资产定价模型，发现这一新解释变量的加入使得模型截距的绝对值变大，说明定价失误由于汇率波动因素的加入而被放大了，也就是说汇率的波动没有被考虑在公司的

价值中。

早期关于汇率波动是否影响公司的实证研究主要关注于宏观层面，即汇率波动是否影响了市场回报率，汇率波动是否影响了行业回报率等。其研究结果大多与理论不符，即实证研究发现汇率波动并不会对公司产生影响。虽然实证结果如此，但学者们并不十分接受这个结论，因为无论是从理论层面来看，还是从实践中观察到的现象来说，汇率波动都是影响到了公司的，至少有外汇交易的公司受到的直接影响是十分明显的。这一理论与实证之间的差别问题被称为"曝光拼图"（Exposure Puzzle），由巴特拉姆和博德纳尔（Bartram and Bodnar，2005）提出。之后，学者们的主要研究方向就是致力于找出这一理论与实证之间的差异的原因。

（2）汇率波动影响公司。

学者们主要从研究层面、研究对象和影响因素三个方面来解释"曝光拼图"产生的原因。

①研究层面。

该理论认为，把市场回报作为被解释变量是不妥当的。不同的公司受汇率波动影响的方向不同，从整个市场的角度去分析很可能这些风险已经相互抵消掉了。应该以公司作为独立的研究对象构建面板数据。

崔和普拉萨德（1995）认为，前人的研究之所以没有发现公司对汇率波动敏感，是因为没有关注汇率波动对单个公司的影响，而是关注汇率波动对整体的影响。即被解释变量不是公司的股票回报率，而是整个行业的股票回报率。汇率与其他宏观因素一样，对不同公司的影响程度是不同的。因此，将所有公司看成一个整体的研究是无法揭示汇率波动对公司的真实影响的。因此，笔者以美国409家跨国公司为研究对象，分别研究汇率波动对这些公司的影响程度，发现在1978~1989年，汇率的波动显著影响了这些公司。其中，高达60%的公司从美元贬值中获得了收益。这篇文章还发现，影响跨国公司的汇率风险敞口的因素为：海外资产，海外销售额等等。巴托夫、博德纳尔和考尔（Bartov，Bodnar and Kaul，1995）认为汇率波动显著影响跨国公司的股票回报率。该文以1973~1977年美国汇率改革为研究窗口（美国的汇率改革即从固定汇率制转变为浮动汇率制，汇率的波动由美元的供求决定），将研究样本进

▶▶ 汇率波动、竞争机制与非跨国公司汇率风险

行配对，分为跨国公司组和本土公司组，以控制规模等因素的影响，使得结论更为可靠。他们发现，汇率风险对跨国公司来说是一种系统风险，因为跨国公司的股票回报率与汇率波动周期同步。另外，如果汇率风险不是系统风险而是可分散风险，则投资者不会将该风险考虑在定价中，因为投资者可以通过组合对该风险进行分散。但研究发现，跨国公司的股票回报率受汇率波动影响，而本土公司却不受该影响，说明对于跨国公司来说这种风险是系统的，无法分散的，所以被投资者包含在了定价中。多伊奇、格里芬和威廉姆森（Doidge, Griffin and Williamson, 2006）的文章也尝试解释 Exposure Puzzle 的原因。作者站在基金经理的角度，认为汇率波动是否对公司产生影响主要在于汇率波动是否会使得某一类股票的收益率与另一类股票的收益率产生差异。因此，本书将有大比例海外销售收入的公司做成一个投资组合，没有海外销售收入的公司做成的投资组合进行对比，发现汇率波动对有海外销售收入的投资组合产生显著影响。本书采用的模型为双因素模型，但是被解释变量为投资组合回报率而不是个股回报率。科拉里、穆尔曼和索雷斯库（Kolari, Moorman and Sorescu, 2008）以 CRSP 中所有的上市公司为研究对象，包括金融公司，有外汇交易的公司和非跨国公司。发现，汇率波动显著影响公司，汇率波动越剧烈公司的股票回报率越低，汇率风险越高。这种特性在小公司上表现得尤为突出。

②研究对象。

该理论认为，不是所有的公司都会表现出显著的汇率风险特征，应该重点研究容易受到影响的公司。

乔琳（1990）以美国跨国公司为研究对象，发现汇率波动显著影响跨国公司。其风险敞口大小受到跨国公司海外销售占总销售比重的影响，海外销售占比越高汇率风险敞口就越大，海外销售占比越小汇率风险敞口就越低。阿加沃尔和哈珀（Harpper, 2010）的文章使用美国本土公司数据研究汇率波动对公司的影响，得到了美国本土公司也显著受到汇率波动影响的结论。该文在样本选择上十分严格，首先剔除了样本中的加拿大公司和一切总部在海外的公司，然后剔除了有海外资产的公司，在剩下的样本中选择海外销售额低于5%的公司为研究对象，研究这些公司 1990～2003 年期间是否受到了汇率波动的影响。尽管如此，该文章将研究对象称为"本土公司"，其实在样本选择的时

候选取的是海外销售额低于5%的公司。因此将结论推广至"本土公司"还是有差距的。但作者这样选择的原因可能是美国作为高度国际化的大国，其大部分上市公司都或多或少有外币交易，若以非跨国公司作为研究对象可能造成样本不足的问题。

③影响因素。

该理论认为，之所以前人没有发现汇率波动与公司之间的显著关系，是因为模型选择不恰当，导致丢失了一些重要的控制变量。这些变量分为宏观经济变量和微观经济变量。

在宏观经济变量方面，学者们主要考虑汇率和利率的关系：普拉和拉詹（Prasa and Rajan，1995）分别用双变量模型和三变量模型研究美国、英国、德国和日本四个不同市场的汇率波动对公司的影响。发现当使用双变量模型时（解释变量为市场回报率和汇率波动率），仅有美国公司表现出了对汇率波动的敏感性。当使用三变量模型时（解释变量加上利率波动），四个市场的公司都表现出了对汇率波动的敏感性。但作者并未解释具体的原因，只是简单说明了汇率波动影响现金流，而利率波动影响折现率，两者一起影响公司。

在微观经济变量方面，学者们主要考虑公司特征对回归模型的影响。

一是公司规模。公司规模与公司风险息息相关是风险管理理论的重要思想，该理论认为，公司规模越大抵御风险的能力越强，公司越小抵御风险的能力越弱。这主要是由以下几点：第一，规模大的公司往往有更强的竞争实力，是行业中的佼佼者，风险到来时一般较晚受到波及。第二，规模大的公司常常同时涉足多个领域，这可以起到分散风险的作用，因此其抵御风险的能力也就变强了。实证研究也大多证明了这一理论。斯密特和瓦茨（1992）认为，公司的规模其实就是公司的经营广度，公司规模越大，经营广度就越广。这种更广经营范围能够帮助公司分散风险，提高风险防御能力。这一规律适用于各类风险，其中也包括了汇率风险。周、李和绍尔特（Chow，Lee and Solt，1997）研究了1991～1997年的美国213家跨国公司，发现汇率波动对规模大的公司产生正向的影响，即汇率波动给这些公司带来财富增加效应。而对于规模较小的公司来说，汇率波动带来的是负向的影响，即汇率波动给这些公司带来财务效应的减少。穆勒和维尔肖（Muller and Verschoor，2007）的实证研究也证明，规模大的公司的汇率风险敞口要远远低于规模小的公司。楚和库克（Chue and Cook，2008）则以新兴市场为研究对象，选取制造业公司和金融业公司为研究样本，发现规模大的公司的汇率风险管理能力更强，管理意识也更强。善于采用金融衍生产品来降低公司的汇率风险，因此，规模大的公司的汇率风险更低。

二是资本结构。资本结构即公司的债务比例，这种比例越高公司的风险也就越大。当负债高时，公司的财务自由度就会降低，则风险来临时应对风险的资金就会变得比较有限，使得抵御风险的能力下降。南斯、斯密特和汉森（Nance，Smit and Hanson，1993）认为负债较低的公司能更灵活地应对风险，原因很简单，当风险来临时，这些公司的资金更为充裕，能够为公司在风险中争取到缓冲时间与空间，从而降低公司的汇率风险。周和陈（1998）也证明了南斯、斯密特和汉森（1993）的观点认为，财务杠杆越高公司面临的汇率风险就会越大。何和吴（1998）则以日本的跨国公司为研究对象，发现公司的汇率风险敞口与公司的长期负债率有显著相关性。当长期负债率较高时，公司的汇率风险敞口就较大，而长期负债率较低时公司的汇率风险敞口就较低。

三是所处行业。理论研究指出，公司所处的行业与公司的汇率风险敞口有重要的关系。最早提出这一观点的是若里翁（1991），他认为在美国，不同的行业之间的汇率风险是完全不同的，无论是风险大小还是影响方向都有显著的区别。进一步的，博德纳尔和金特里（1993）使用来自美国、加拿大和日本的数据，用实证的方式证明了若里翁（1991）的理论观点。他们发现不同的行业其汇率风险大小以及汇率风险敞口的方向都是不同的。

四是国际化程度。学者们往往用海外销售占比来衡量公司的国际化程度。他们认为公司的国际化程度越高其受到汇率波动的影响也就会越大。周和普拉萨德（1995）研究美国的跨国公司在1978~1998年间的汇率风险敞口，发现公司的国际化程度与公司的汇率风险敞口有明显的相关关系。公司的国际化程度越高，即海外销售收入越高，则公司的汇率风险敞口就越大。与之类似的威廉姆森（2001）研究了美国和日本的制造业公司，发现海外销售收入是这些公司的汇率风险敞口大小的决定性因素。潘赞利、西姆金斯和劳克斯（Pantzalis，Simkins and Laux，2001）也研究了国际化程度与公司的汇率风险敞口的关系。不同之处在于他们衡量公司国际化程度的变量不是海外销售占比，而是海外分支机构的数量。他们得出了与前人完全相反的结论，认为公司的国际化程度越高其汇率风险敞口就会越小。他们解释说这是由于这类公司面临着更严峻的汇率风险，因此有极强的汇率风险预测和管理能力，由于模型计算出的是采取了汇率风险管理手段之后的"净风险"，因此这些公司的汇率风险是不显著的，因为风险得到了良好的控制。阿加沃尔（2010）则以美国外汇交易不足5%的公司作为研究对象，发现这些国际化程度超低的公司也显著受到汇率波动的影响。文章认为，国际化程度并不是公司的汇率风险的决定因素，因为汇率风险除了可以直接传播之外还会通过改变公司所处的竞争环境和价值链环境来对公司造成间接的影响。马丁和莫尔（Martin and Mauer，2003）以及博德纳尔和王（Bodna and Wong，2003）也支持了这一结论。他们以银行业作为样本，研究这些公司的汇率风险，发现本土银行普遍存在着汇率风险敞口，而且这种敞口竟然比跨国银行的汇率风险敞口更大。

五是成长性。迈尔斯认为，高成长性的公司面临着高的投资不足问题，因此这类公司往往有较高的负债，这种负债对公司就是一种风险。与之观点一致的还有巴克莱和斯密特（Barclay and Smit，1995）；格德斯和欧普乐（Guedes and Opler，1996）以及巴克莱、马克思和斯密特（Barclay，Marx and Smith，1997），他们发现公司的成长性与所承受的风险是正相关关系。阿加沃尔和哈珀（2010）将这一结论运用到汇率风险中，发现公司的成长性会影响其所遭受的汇率风险程度，成长性越高汇率风险越高。因为成长性本身就是一个风险的信号，当公司处在高速成长期时其资金较为紧缺，加上公司尚未稳定，其风险本身就较高。

六是盈利能力。公司的盈利能力也是一种财务自由化程度的象征。盈利能力越高说明财务自由度越高，则在生产经营活动中享有更多的主动权，风险来临时也能更灵活地应对。阿加沃尔和哈珀（2010）证实公司的资本周转率和盈利能力越高其受到汇率风险的影响就越小，因为更高的资本周转率和盈利能力让公司在面对汇率风险带来的波动时更自如。

七是时滞问题。早期的关于公司的汇率风险的研究多以月度为窗口期来计量，然而如果汇率波动对公司的影响是长期持续的，甚至是永久持续化的，较长的衡量窗口可能是更为合适的。周等（1997）；马丁和莫尔（2003）都注意到了这个问题,他们认为汇率波动对公司的影响是较为长期的,应该用比月度窗口更长的时间来作为窗口期。但博德纳尔和王(2003)认为,过长的窗口期需要被谨慎地使用,因为这可能导致研究数据的缺失。阿加沃尔(2010)以美国"本土公司"(文中定义"本土公司"为海外销售额小于5%的公司)为研究对象,发现汇率波动对这类公司的影响存在时滞问题。他们分别研究了一个月、三个月和半年的汇率风险敞口,发现三个月的汇率风险敞口更显著。

2.2.2 汇率波动对公司的传导路径

2.2.2.1 流量导向传递机制

关于汇率波动通过影响流量而影响公司的研究开始得较晚,前期的研究学者们主要还是从宏观的角度入手的,因此通常以股票回报率为独立变量。后期开始关注微观层面的影响后,开始以现金流量为独立变量。

(1)汇率波动通过竞争环境影响公司。关于流量传导机制的研究主要从两点入手,第一点是竞争传导,即汇率波动改变了公司所处的竞争环境,从而影响了公司。例如,一个卖东北米的公司和一个卖泰国米的公司。当人民币升值时,泰国米的价格对于中国消费者来说降低了,因此竞争力提高;而东北米的竞争力下降。从而导致东北米公司收入的降低。

夏皮罗(1975)认为引起跨国公司汇率风险的主要因素包括:该公司海外销售和本土销售的分布情况,该公司在本土市场和跨国市场所面临的竞争激烈程度,以及该公司所销售产品的可替代性,这里的可替代性主要是指同类商品中进口商品和出口商品的可替代性。他构建了数理模型对结论进行论证,并在模型中充分考虑了通货膨胀等因素对公司的汇率风险的影响,其结论比较全面可靠。卢尔曼(Luehrman,1990)、阿莱亚尼斯和伊里格(2001)研究如何准确地指出并检验影响公司的汇率风险的因素。他们以美国的制造业为研究对象,研究这些公司1979年和1995年的汇率风险产生情况,发现在18个产业分组当中有4个组显著受到汇率波动的影响,并且这种影响是由行业竞争程度、出口商品比重和进口商品比重引起的。平均来说，美元每升值1%就会使这些行业的平均回报率下降0.13%。该结论与夏皮罗预测的一致，行业利润与汇率风险有负相关关系，行业利润降低时汇率风险增加。他们从实证的角度证明了竞争对公司的汇率波动的影响，但是这种影响是站在行业的层面证明的，即全部实证数据都是行业数据而不是个体的公司数据。威廉姆森（2000）检验了汇率波动影响国际竞争力影响公司的这条路径，认为汇率波动会影响本国货币在本国购买进口产品的购买力，从而使得消费者对同类进口产品和本土产品的需求发生变化，最终造成这些公司的收入发生改变。即汇率波动改变了竞争结构，从而影响了公司。他以1973~1995年的美国汽车公司为研究对象，研究当美元兑日元和美元兑德国马克发生波动时，是否影响了美国车、日本车和德国车在美国市场占有率的变化。他发现，这样的汇率波动改变了美国汽车市场的竞争结构，如当美元兑日元升值时，日本汽车的销售量和市场占有率出现了明显的上升，美国汽车的销售则出现了下滑，收入下跌。他还发现，汇率对竞争结构的影响是一个动态的过程，在不同的时间段，竞争结构是不同的。威廉·姆森的不足之处在于：第一，只在美国的汽车行业验证了汇率波动通过影响竞争结构从而影响。第二，美国许多汽车公司也是出口公司，参与国际市场竞争。公司收入的变化不应该仅仅考虑在本土市场占有率的改变，也有可能是海外市场占有率产生的影响。马斯顿（2001）认为，公司的汇率风险与其所处的竞争环境有很大的关系。当公司为纯外资公司时，若其产品可被很多本国同类产品替代，则哪怕其海外销售额为零也会受到汇率波动的影响。当出口公司为垄断公司时，其汇率风险仅仅来自于汇率波动对现金流量的影响。进一步的，当公司没有任何外汇交易时，由于其竞争对手和供应商可能对汇率波动敏感，因此这类非跨国公司也会受到汇率波动的影响。但马斯顿仅仅完善了模型的推导，没有进行实证检验。德克尔（Dekle，2005）认为，出口公司的利润以及股价都十分依赖本国的汇率，即使销售规模与利润不变，汇率的波动也会增加或者减少公司的收入，且这种增加和减少往往是巨额的。汇率的波动会引起不同地区公司成本的变化，从而影响这些公司在本土市场和海外市场的商品销售价格。正是因为汇率波动会对跨国公司产生如此大的影响，这些公司才不断致力于控制汇率波动带来的风险。例如，有的国家采取固定汇率制度来保

▶▶ 汇率波动、竞争机制与非跨国公司汇率风险

护本国的跨国公司的收入不受汇率波动的影响。德克尔关注的是海外竞争对跨国公司汇率风险的影响。大量研究认为，出口公司的汇率风险显著受到市场结构和竞争模式的影响。在海外市场上，出口商品和海外本土的商品很容易出现可相互替代的情况，因此当本国货币升值时，海外消费者对该商品的购买能力就下降了，公司为了保住海外市场的地位只能无奈地选择降价。若降价的代价太高，则公司只能坚持原价，造成在海外竞争中处于不利地位。德克尔以日本的出口公司为研究对象，分行业证明了，这样由汇率波动引起的海外市场竞争变化是出口公司产生汇率风险的重要原因。伯格布兰特、凯西亚和亨特（2014）则提到，大量的理论研究认为，竞争是导致汇率风险的重要因素。特别是对于那些外汇交易量小的公司来说，竞争发挥了更大的作用。然而实证并没有直接证明竞争确实起到了关键作用。他们认为，产生这种现象的原因第一可能就在于我们所计算的敞口是公司的净敞口，是公司进行了汇率风险管理之后的敞口。只有我们找到公司没有进行汇率风险管理的敞口才能找到竞争是否起到了作用。另外，前人在研究汇率风险时常常加入行业因素作为控制变量，而行业因素弱化了行业竞争对汇率波动的影响，因此前人对竞争产生的作用的重视也十分不足。对此，他们使用了世界银行问卷调查中的数据，了解管理者在风险发生之前对风险的估计以及采取的措施，从而排除了净敞口对结果的干扰，证明了竞争是主要的汇率风险敞口形成的原因。这个研究的缺陷在于，管理者对风险的预估是存在偏差的，如果风险估计发生了偏差，那么结果就没有意义。其次，他们通过管理者对竞争压力的感受来衡量竞争的激烈程度，这种感受过于主观，不同的管理者对竞争强度的评价标准是不一致的，这也会对结果产生影响。

（2）汇率波动通过现金流影响公司。关于流量传导机制的第二个入手点是现金流影响。其主要的思想为，汇率波动通过折算等改变了公司的现金流量。对于这一传导机制，学者们没有任何争议。因此从这一传导机制着手的研究主要放在了如何帮助公司管理现金流变化带来的汇率风险上。

普拉萨德和拉詹（1995）分别用双变量模型和三变量模型研究美国、英国、德国和日本四个不同市场的汇率波动对公司的影响。发现当使用双变量模型时（解释变量为市场回报率和汇率波动率）仅有美国公司表现出了对汇率

波动的敏感性。当使用三变量模型时（解释变量加上利率波动），四个市场的公司都表现出了对汇率波动的敏感性。但他们并未解释具体的原因，只是简单说明了汇率波动影响现金流，而利率波动影响折现率，两者一起影响公司。布雷丁和海德（2010）认为，公司是否受到汇率波动影响不仅仅要看股票回报率是否受到影响，还要看现金流是否受到影响。他们以 G7 为研究对象，将不同国家的上市公司分别按照行业做成行业投资组合，发现这些投资组合的回报率不显著受到汇率波动的影响，但其现金流量显著受到汇率波动的影响。

2.2.2.2 存量导向传递机制

存量传导模型最早由布兰森（1983）提出，他认为股票价格的波动会引起货币需求的变化，从而影响汇率。具体内容为：当股票价格上升时，它不仅仅吸引国内投资者还会吸引国外投资者。国外投资者想要投资股票不能直接用外币投资，而是需要将外币兑换成本币。此时，对本币的需求就会大幅度上升。当货币需求上升而货币供给没有变化时，本币升值，汇率下跌。反之，当股票价格下跌时，货币需求的降低会使得本币贬值，汇率上涨。可见，该模型认为股票价格是汇率波动的原因，而在后期的研究中，学者们发现股票价格与汇率是互为因果的。实证检验方面，由于汇率风险的衡量方式常常是以股票价格对汇率波动的敏感程度为标准的，因此几乎所有关于汇率波动与公司关系的实证论文都会对存量模型进行检验。这些检验结果并不与理论完全一致。例如，乔琳（1991）、芬纳蒂等（1992）和科迪克等（Koedijk et al., 2002）均发现汇率波动不会影响到公司股价。但崔和普拉萨德（1995），巴托夫、博德纳尔和考尔（1995），多伊奇、格里芬和威廉姆森（2006）等认为，汇率波动影响了公司股价。无论是哪一种结论，学者们都无法从单个公司的角度研究汇率波动对公司股价的传导路径，只能证明影响或者不影响。因为学者们很难观测到购买单个股票的资金流向，所有的投资者身份等等。因此，学者们常常以整个股票市场的回报率为研究对象，研究汇率波动对股票市场的影响，然后通过检验股票市场资金流入流出情况与货币升值贬值情况来证明汇率的波动与股票价格之间的传递路径。

2.2.3　公司的汇率风险控制

随着经济全球化进程的加快，汇率政策的放开，越来越多的公司不可避免地需要面对汇率风险。对于公司来说，发现风险是第一步，更重要的是如何控制这些风险，如何降低风险对公司的影响，甚至如何利用风险来提高公司的价值。目前，公司用于控制汇率风险的手段主要有金融对冲、经营对冲与盈余管理。金融对冲是使用金融衍生工具例如套期保值、远期合约等对汇率风险进行控制。这一类的风险控制方法主要针对交易风险，即使用外币来计价进行交易时，公司因汇率变动而产生损失可能性。经营对冲则是通过对经营方式的调整例如更换原料采购地、使用外币借款等方式对汇率风险进行控制。这一类的风险控制方法主要针对经营风险，即由汇率波动引起的公司未来现金流的变化，所导致的外汇损益由公司未来竞争状况决定。盈余管理则是在风险发生且不可避免之后采取一种分散风险的方法，将本期的风险通过盈余管理来分散到以后的或者是以前的经营年度中，从而使得公司从整体上来看业绩平滑，风险较低。

2.2.3.1　金融对冲

传统观点认为使用金融衍生产品会提高公司所面对的风险。如布莱克和斯科尔斯（Black and Scholes，1973），詹森和麦克林（1976）以及迈尔斯（1977）等，他们认为公司股东是偏好风险的，因为只有有了风险，公司的股价才会上下波动，而这种波动给予了股东套利的机会，低价买入高价卖出从而获得利润。使得股价波动的手段无外乎是制造风险，这些学者认为，金融衍生工具可以帮助股东制造风险，引起股价的波动并使得股东获利。然而另一部分学者持有相反的观点，如斯图尔兹（1984），斯密特和斯图尔兹（1985），德马兹和达菲（1992）以及弗洛特、沙尔夫斯泰因和斯坦（1993）。这些学者认为，公司使用金融衍生工具是为了降低风险，他们发现那些多元化程度低风险不易分散的公司、股东为高风险厌恶型的公司、遭受高税收的公司、费用较高面临高破产风险的公司以及急需资金的公司都频繁使用金融衍生工具，造成这一结果的原因是金融衍生品会减低这些公司的风险。科斯基和庞迪福（Koski and Pontiff, 1999）却持有不同的观点，他们并不认为金融衍生工具是风险的来源。他们将样本进行分组，分成使用了金融对冲的组和没有使用金融对冲的组，发现使用了金融对冲的组并未比未使用金融对冲的组表现出更多的风险。这说明金融衍生工具仅仅只是一种金融工具，并不是风险的真实来源。斯图尔兹（1996）认为，公司使用金融衍生品来降低短期的合同风险，因为现金流与这些合同息息相关，而现金流则是公司价值的重要参考。因此，公司重视金融衍生工具的使用，并认为使用这些工具能帮助公司降低风险。亨切尔和科塔里（Hentschel and Kothari, 2001）发现研究金融衍生品给公司带来影响的文章十分有限，但又是一个监管层十分关心的问题。到底金融衍生品的使用降低了公司的汇率风险还是提高了风险，这个问题需要一个定论。因此其研究使用金融衍生品与汇率风险的关系。他们选择了425家美国各行各业的大公司，包括金融公司和非金融公司（25家制造业，100家各类服务业，等等）。发现许多美国公司用大量的金融对冲工具来缓解汇率风险，使用了金融对冲工具和未使用金融对冲工具的公司在汇率风险敞口大小上并未有显著不同。这一结果既不是因为 statistic power 造成的（因为回归的方差很小），也不是因为内生性造成的。因此，其结论是有效可靠的。他们提到造成这一现象可能的原因是：金融对冲常常被用来控制短期的风险，没有控制到长期的风险。另外，金融对冲常用于短期合同（short-term contract），这类合同（contract）占公司总资产比例较小，因此即使金融对冲发挥了作用，但对公司整体的影响并不显著。卡特等（Carter et al., 2006）对美国的航空公司进行了分析，发现使用金融对冲的公司其公司价值提高了10%。巴特拉姆、布朗和康拉德（Bartram, Brown and Conrad, 2012）提到许多观点认为衍生品是金融危机的罪魁祸首，应该严格监管和限制金融衍生品的使用。但其认为，金融危机的爆发大部分来自于金融行业的金融衍生品使用不当，而与非金融行业的金融衍生品使用没有很大关系。他们为了证明这一观点，以47个国家的上市公司为研究对象，发现在2001~2002年的经济下行期间，使用了金融对冲的公司有明显的高公司价值、更高的股票超额回报、以及高利润。为了解决内生性问题（即使用对冲使得价值提高还是价值高让公司使用对冲），他们用倾向得分匹配将样本分成使用金融对冲组和不使用金融对冲组，从而使结论更可靠。

2.2.3.2 经营对冲

乔琳（1991）认为，积极使用金融对冲的公司其股票价格并没有明显的上升，这是由于汇率风险是可以通过其他方式来分散的，在投资者眼里，对冲行为是一种"无用"功，无助于帮助公司提高收入。博德纳尔、马斯顿和海特（Bodnar，Marston and Hayt，1998）关于美国非金融机构的金融风险管理（Financial Risk Management by U. S. Non - Financial Firms）的调查报告中提到，汇率风险管理中的新现象是，使用金融对冲的公司数目增长量正在逐年放缓，而越来越多的公司开始尝试经营对冲，高达60%的公司声称他们将外币收入与外币费用相匹配，尽量降低外币余额来规避汇率风险。潘赞利、西姆金斯和劳克斯（2001）研究经营对冲对美国跨国公司汇率风险控制的作用，发现公司所使用货币的宽度与广度（即跨国经营的宽度）与汇率风险负相关，而货币的深度（即跨国经营的集中度）与汇率风险负相关。这篇文章提出了著名的衡量经营对冲的指标：货币的广度与深度金、马瑟和南（Kim，Mathur and Nam，2006）使用倾向得分匹配法以规模和行业为指标进行配对，分为有经营对冲组合和没有经营对冲组，发现使用经营对冲的公司有更高的外币销售收入，且使用经营对冲的公司会较少使用金融对冲。这一发现解释了为什么许多容易暴露在汇率风险敞口中的公司却鲜少使用金融对冲的原因。这篇文章的经营对冲衡量与前人不同，认为如果有海外资产且有海外销售收入，则视为有经营对冲行为。若仅仅是出口而无分支机构，则视为没有经营对冲行为。赫特森和莱恩（Hutson and Laing，2014）以953家美国上市公司为研究对象（没有分跨国、非跨国）研究金融对冲与经营对冲之间的关系。发现：第一，使用金融对冲和经营对冲的公司其公司价值越大。第二，许多高度国际化的公司鲜少使用金融对冲而更多的是使用经营对冲。第三，一般来说，经营对冲与金融对冲是相互补充的关系，但是当汇率波动十分剧烈时金融对冲的有效性会大大降低，此时经营对冲是更为可靠的方式，两者关系由相互补充变成相互替代。最后，他们提到在非常时期也许经营对冲才是最好的汇率风险控制方法。该篇文章使用的经营对冲衡量方法为：用ABHK数据库测算公司的国际化程度，程度越高视为经营对冲越多。指数从 1~7，1 为纯本土无任何外汇交易的公司，7 为超级全球化公司。该程度主要依赖于海外分支机构的数目和广度。

2.2.3.3 盈余管理

勒扎、南达和怀索基（Leuza，Nanda and Wysocki，2003）以 31 个国家的公司为研究对象，探索不同的国家公司的盈余管理程度是否不同。他们发现，股权分布更广、投资者保护更好的发达市场的盈余管理水平较低。因为这类市场透明度高，管理者难以隐藏事实。反之在不发达的市场，由于信息不对称程度较高，盈余管理行为难以被观测，使得盈余管理行为更为普遍。伯吉克斯特和菲利蓬（Bergstresser and Philippon，2006）阐述了管理者进行盈余管理的动机。他们提到，近年来管理者的薪酬与股票的价格的联系越来越紧密，为了影响股票价格，管理者对应计利润进行了控制。即：汇率波动影响股票价格，股票价格影响管理者薪酬。管理者为了自己的薪酬不受影响而进行盈余管理，使得被汇率波动影响的业绩看上去更平滑风险更小。张、辛和诗拉侯（Chang，Hsin and Shiah – Hou，2013）该文章首次将汇率风险与盈余管理联系在一起。他们认为汇率波动对公司的影响体现在股价上，而股票价格取决于投资者如何看待受汇率波动影响之后的公司盈余，而盈余是可以被"管理"的，因此，公司很有可能使用盈余管理的方式来降低汇率风险。他们通过实证检验发现，盈余管理，特别是以平滑盈余为目的的盈余管理能够显著降低公司的汇率风险，即使公司已经使用了金融对冲和经营对冲，盈余管理仍然能起到降低汇率风险的作用。并且，当公司没有合适的金融对冲工具可以使用，也没有条件进行经营对冲时，盈余管理是更为重要的汇率风险控制方法。

2.2.4 我国的研究现状

在我国关于汇率波动对公司的影响的研究开展得较晚。这主要是由于我国一直以来实行的都是超强的汇率管制制度，在 2006 年之前，为了保护我们的国有经济，汇率一直处于固定状态。2006 年以后，随着我国市场的逐渐发展与成熟，以及经济全球化的大趋势推动，我国开始进行汇率改革。本次汇率改

▶▶ 汇率波动、竞争机制与非跨国公司汇率风险

革旨在向汇率市场化的方向进发，形成参考一篮子货币，以市场供求为基础决定汇率牌价的汇率浮动机制。汇率改革至今刚满 10 年，是一个逐步探索的过程，在这个过程中，我们虽然迈开了向市场化推进的步伐，但可以看到汇率的波动依然受到政府很大程度的干预。

前期关于汇率的研究主要站在宏观视角，研究汇率波动对整个股票市场或某些与外汇挂钩的重点行业的影响。张会清和唐海燕（2012）分析了 2000～2008 年与中国相关的 120 个国家的贸易数据，研究了我国的出口特点和历史演变过程。他们认为汇率波动对我国的进出口行业产生了显著的影响。

罗航和江春（2007）开启了我国关于汇率波动对公司影响的研究的先河，首次将汇率波动的影响拓展到了微观层面。他们以我国的 A 股上市公司为研究对象，使用 Augmented Market 模型，研究这些公司 2005 年 7 月开始后的 20 个月内，汇率波动对这些公司的股票回报率的影响系数，发现汇率波动对这些公司产生了显著的影响，且这种影响是正向相关的，人民币越升值，公司的回报率也就越高。随后陈学胜和周爱民（2008）从另一个角度研究了汇率波动对公司的影响。他们以沪市 180 指数中的公司为研究对象，研究这些公司的经营活动现金流对汇率波动的敏感程度，发现汇率波动显著影响这些公司的现金流，他们同时指出我国的公司面临的汇率风险较高同时并未采取有效的汇率风险控制手段。这两篇文章分别从股票回报率和现金流的角度研究汇率波动对公司的影响，其样本选择并没有偏重于某一个公司或者某一个行业。之后的研究则在此基础上进行了细分，学者们开始分行业来研究汇率波动对不同行业的公司产生的影响。潘雅琼（2008）研究汇率波动对钢铁行业公司的影响，以我国上市的钢铁公司为研究对象，使用乔琳的经典三因素模型，研究在 2005 年 7 月至 2008 年 7 月之间，汇率波动对这些公司的影响，发现我国的钢铁公司确实受到汇率波动的影响，其中美元和日元的影响较为显著，而欧元和港币则不慎明晰。其次，2005～2008 年，人民币的升值给这些公司带来了正向的影响，提高了这些公司的股票回报率。赵星和王相宁（2013）则研究了我国的制造业公司。他们以我国 169 家上市的制造业公司为研究对象，研究 2005 年 8 月到 2012 年 7 月期间，汇率波动对这些公司股票回报率的影响，发现高于一半的公司都显著受到了汇率风险的影响，同时发现公司特征也会影响到公司的

汇率风险水平。如市账比、公司规模等。

在证明了汇率波动对我国的公司会造成影响之后，学者们开始致力于研究汇率风险缓解办法是否对我国的公司产生了效果，以及哪些汇率风险控制手段对我国的公司是行之有效的。这一类的研究开始于2012年。其原因在于，第一我国的汇率真正开始浮动是2006年左右，且当时汇率波动变化并不复杂，因此，使用风险管理的公司数量也不是很多。第二，我国自2007年才开始要求上市公司在年报中披露金融衍生产品的使用情况。因此，数据的限制也是造成研究较少的重要原因。郭飞（2012）等研究汇率波动对我国公司的影响，认为2005年7月人民币汇改以来，人民币升值，特别是相对于美元大幅升值，其不利影响开始显现，我国不少跨国公司使用外汇衍生品来对冲人民币汇率升值带来的风险。然而，尽管不少国外学者对金融衍生品使用对公司的影响进行了深入研究，但以中国公司为样本的研究仍很少见。郭飞首先证明了在我国，汇率波动对公司产生影响，其次证明了使用金融对冲工具能帮助跨国公司缓解汇率风险。郭飞、王晓宁和马瑞（2013）梳理了经营对冲对公司影响的文献，根据已有文献认为经营对冲是一项有效的帮助我国公司控制、规避汇率风险的手段。但遗憾的是并没有对这一观点进行实证检验。

最后，在我国，学者们主要关注的是汇率波动对公司带来的影响，而没有深入地对汇率的作用机制进行探讨，可以说目前关于汇率波动作用于公司的机制的研究还是空白的。这可能是由于我国关于汇率波动对公司影响的研究起步较晚研究较少造成的，目前的研究还未深入到这一层。另外，我国的汇率受到政府干预较多，政府干预的主要目的是使汇率平稳，经济稳定，同时保护国有经济。因此，学者们可能认为在被保护的情况下，汇率传递机制不会起到太大作用。

总体上说来，我国对于汇率波动对公司的影响的研究起步较晚，研究并不完善，特别是关于汇率波动对公司作用的机制以及公司的汇率风险控制方面的研究急需加强。

2.2.5 文献评述

从建立汇率波动对公司传导的模型，到汇率风险的控制，学者们进行了一

汇率波动、竞争机制与非跨国公司汇率风险

系列理论和实证的研究。

在汇率波动对公司的传导路径上,模型的研究是比较完善的,但是在实证检验的领域却发展得不平衡。在存量导向模型方面,学者们只能将货币供给量的变化与流入整个股票市场的资金相联系,从侧面来证明存量导向模型的正确性。但是,由于无法判断流入个股资金的资金来源,因此很难从正面直接证明存量导向模型,这是实证上一直未完美解决的难题。在流量导向模型方面,大量的实证研究围绕汇率波动通过作用于跨国公司的现金流而影响公司这条路径。这些公司有直接的外汇交易,因此存在交易风险、折算风险等等,且这些风险都会在财务报表中得到具体的体现,这就为学者们的研究创造了有利的环境,提供了可供研究的数据。而在汇率波动通过影响竞争环境而作用于跨国公司的现金流这条路径上,实证研究十分有限。造成这种现象的原因主要有两方面。第一,关于汇率波动传导路径的研究主要开始于汇率可以自由波动的发达国家,如美国、欧洲和日本等。这些国家有较长的汇率波动历史,使得这些国家的公司都有较丰富的汇率风险管理经验和汇率风险管理手段。我国的汇率风险测定方法是看股票回报率或现金流对汇率波动的敏感程度,即公司在进行汇率风险管理后的"净风险"。当公司有行之有效的汇率风险管理办法时,我们常常无法检测到汇率风险的存在,也就更无法获取其传导路径了。第二,汇率波动通过改变竞争环境而影响公司的现金流这一路径需要一个相对长的汇率上行或下行期才能被观察到。若汇率处于波动状态,此消彼长,则虽然影响了竞争环境但是可能出现前后抵消的情况,使得这种竞争路径难以被观测到。一直到2014年才有学者通过调查问卷询问管理者汇率风险的影响程度和竞争的压力变化,并生成数据进行实证分析,才首次全面地检验了竞争环境对不同公司的影响。但是这篇文章的显著缺点在于调查问卷数据本身的缺陷,不同的管理者的风险测度标准和感知压力的程度是不相同的。例如当管理者的薪酬与业绩挂钩紧密时,一点点汇率波动造成的市场占有率变化可能就会给他们带来很大的压力,而当管理者薪酬与业绩挂钩不紧密时,可能汇率剧烈波动带来的巨额业绩损失才会使他们感受到压力。这种个人认知的偏差会对其结论产生影响。而在我国,目前没有任何一篇文章探讨汇率波动通过竞争环境影响公司,因此,在汇率波动对公司影响的传导路径方面的研究是较为缺乏的,急待补充。

关于汇率波动对公司是否产生影响的研究比较充分，理论上认为汇率波动是会影响公司的，但早期的实证检验却与之相悖。后期学者们一直致力于解决这个理论与实证的矛盾，他们从各个角度如研究层面，公司所处行业等入手，解决了这个问题。但是这些研究大多研究对象为美国、欧洲和日本等，我国在这方面的研究尚不充足。另外值得注意的是，无论是我国的研究还是发达国家的研究，其主要的研究对象为跨国公司。而关于非跨国公司的研究则非常缺乏，仅有阿加沃尔（2000）对美国外汇交易不足5%的公司进行了研究，但是该文章仅仅有一个影响的结论，并没有证明具体的传导路径。

关于汇率风险控制的研究早期主要集中在金融对冲上，学者们研究金融对冲到底是增加了公司的风险还是降低了公司的风险。虽然在这一点上至今未形成统一的意见，但是学者们普遍认为，金融衍生工具是控制风险的工具，只要使用得当是可以帮助公司降低汇率风险的。近年来学者们关注更为立体化的汇率风险控制，除了金融对冲之外还关注经营对冲的效果。关于经营对冲的效果学术界并不存在争议，均认为经营对冲是一种有效地帮助公司控制汇率风险的手段，且金融对冲主要针对短期风险，经营对冲主要这对长期风险，两者相辅相成地帮助公司控制汇率风险。但是，关于经营对冲的研究并不十分丰富，因为数据的采集存在一定的困难。例如，在公开数据中，并没有要求公司必须披露由于汇率波动导致的原料来源地的更换等等。盈余管理是刚刚兴起的控制汇率风险的手段，但其只是让公司看上去不太受风险的困扰，实际上并未从根本上帮助公司解决汇率风险的问题。在我国，关于汇率风险控制的研究起步较晚，发展较慢，这是由于数据的缺失造成的，我国自2007年起才要求公司在年报中披露金融衍生工具的使用情况，数据上是缺乏的。另外，金融衍生工具对缓解汇率风险的作用在我国也是存在争议的，一部分学者认为我国的管理者缺乏对金融衍生品的认知，无法熟练地使用，使得不仅没有缓解风险反而加剧了风险。关于经营对冲的研究在我国则是空白，郭飞（2012）等强调了经营对冲的重要作用，但并没有进行实证检验。最后，几乎所有关于汇率风险控制的研究都是以跨国公司为研究对象的，并没有关注到非跨国公司的汇率风险控制。

第 3 章

汇率波动对非跨国公司股票回报率与现金流的影响

3.1 引　　言

关于汇率波动是如何影响国家经济、公司回报率和公司现金流的，已经成为经济学领域和财务学领域的重要研究课题。在这些研究中，绝大部分的研究都以跨国公司或者进出口公司为研究样本，这些公司的现金流、资产以及负债都直接受到汇率波动的影响，因此汇率波动会影响到这些公司并不会使人们感到惊讶，学者们就跨国公司的汇率风险展开了丰富的研究（博德纳尔和金特里，1993；潘赞利、西姆金斯和劳克斯，2001；何和吴，1998；巴托夫和博德纳尔，1994；郭飞，2012；谷任和张卫国等，2012）。非跨国公司并未充分引起学者们的注意，但是在现实经济活动中，这些公司已经受到汇率波动的影响。经济全球化已经成为一个不可避免的趋势，我国提出的"一带一路"倡议又一次说明了经济全球化的必然性和重要性。在这样的背景下，一个非跨国公司不再是一个孤立的个体而是一个全球经济的参与者。2013 年和瑞资产分析师撰文写到：人民币升值会使铁矿石进口成本下跌，而铁矿石作为锻造钢材的主要原料其价格变动会引起钢材价格变动。而钢材又是建造房屋的重要材料,钢材价格的下跌会引起房屋建筑成本下跌2%~5%。大部分的房产公司都是没有外汇交易的非跨国公司,但是汇率的波动依然影响到了它们的成本。

这种由人民币汇率波动引起的某一生产资料价格的变化并最终导致产成品价格的变动是汇率传导机制的典型体现。麦卡锡(McCarthy,2000)等认为,汇率波动会产生成本效应、支出效应、预期效应和债务效应。成本效应首先直接影响进口商品价格,然后支出效应、预期效应和债务效应则间接影响国内其他商品价格。例如,当人民币升值时,进口商品价格下跌,那么以这些进口商品为原料的最终产品的成本就会同时降低,从而使这类商品的价格下降。而通过支出转换效应产生的间接渠道,汇率变动还将影响国内商品的需求。接上例,进口商品和以进口商品为原料的产品价格下跌会使得这类商品的需求升高,在总需求变化不大的情况下,市场对以进口商品为原料的产成品的需求会上升,使这类公司的公司价值升高。更为复杂的是预期效应和债务效应,这两种效应会由于市场角色的不同而产生不同的影响结果。如人民币升值预期背景下,消费者购买力增强,在经济整体向好的预期下对商品的需求会上升,同时特别青睐那些以进口商品为原料的产品,因为这些产品曾经"高不可攀",但如今"物美价廉"。因此,这种消费倾向的改变会使得这类公司销售额上升、公司价值上升。最后,债务效应使得央行偿还外币债务所需要付出的本币发生变化,这种变化会影响央行在市场中投放的货币数量。货币投放量影响着整个宏观市场的供给、需求与投资。非跨国公司作为宏观经济的重要参与者,也势必会受到影响。

周(1997)认为,预期效应、支出效应、成本效应和债务效应不仅会影响市场的供给与需求,还会影响市场的竞争结构,供应商与客户关系等。弗朗西斯、哈桑和亨特(Francis, Hasan and Hunter, 2008);穆勒和维尔肖(Muller and Verschoor, 2006)的研究认为,理论上,汇率波动会影响竞争力。汇率的波动会改变本国市场的竞争结构包括供求关系、价格体系和需求弹性等。人民币升值使出口商品价格上升,国际竞争力下降,导致该产品国外需求的下降。与此同时,人民币升值带来进口商品价格下跌,出售进口商品以及出售以进口商品为原料的产成品的公司则可能从人民币升值中获益。例如,非跨国公司虽然不涉及任何外汇交易,但由于其上游供应商的原料可能来自进口,当人

▶▶ 汇率波动、竞争机制与非跨国公司汇率风险

民币升值时，供应商成本下跌带来非跨国公司原料价格下跌，最终使得商品成本降低，竞争力提升，利润升高。

在实证研究方面，大量文献对汇率波动对跨国公司的影响提供了翔实的实证证据。潘赞利、西姆金斯和劳克斯（2001）等选取了跨国公司的样本数据进行研究发现，在汇率市场化国家汇率波动对公司价值有重要影响。郭飞（2012）使用跨国公司的样本数据证明一个汇率非市场化的国家，汇率波动与公司价值之间存在明显的相关性。那么，无论是汇率市场化还是非市场化的条件下，汇率波动对非跨国公司是否产生影响呢？这一方面，仅有阿加沃尔和哈珀（2010）进行了关注，他们使用美国上市的非跨国公司数据证明了在汇率完全市场化的国家，汇率波动会对非跨国公司的价值产生显著影响。但是，对于汇率非市场化且正在进行汇率市场化改革的中国来讲，非跨国公司是否受汇率波动影响？影响程度有多大？这些问题在现有的研究中并没有得到深入的解答。

中国与发达国家的不同之处在于，中国外汇管制较严，其汇率主要受行政干预较多；发达国家由供求来决定汇率，受市场调控。这样的汇率制度可能会造成怎么样的结果呢？

首先，汇率波动是否能传导到公司，传导的强度如何都是有待证实的。

在存量传导方面，发达国家的汇率波动预示着货币供求的变化，当货币贬值时，货币供给量则随之增加，增加的货币流入股市中，推高整个股票市场的市值从而影响个股。而在我国，在岸人民币汇率的中间价是"官价"，它不是由货币供给决定的。为了维持这样的官价，我们是否增加或减少了货币供给都是一个未知的状况。例如，当在岸美元兑人民币的价格为6.5，离岸美元兑人民币的价格为6的时候，在岸人民币相对于离岸人民币处于贬值状态，贬值意味着货币供给增加，股票市场价值上升。然而在我国可能的情况是，投资者认为对比离岸人民币，在岸人民币有很大的升值压力，在未来很有可能升值，因此，投资者选择留住手中的人民币，甚至买入更多的人民币。这样，即使在岸人民币表现出了贬值的状况，人民币的供给并没有增加，且很有可能反而出现供给减少。因此，汇率波动是否通过存量路径影响我国的非跨国公司是不明朗的。

其次，在流量传导方面，一是非跨国公司其海外收入仅占到总收入的10%，因此受折算风险影响较小，则汇率波动对公司的直接影响较低。二是我国汇率自2006年才开始产生市场化波动，公司面对汇率风险刚满10年。公司从认识风险到管理风险需要过程，有许多证据表明，我国的公司虽然开始尝试使用各种对冲的方法，但其管理水平并不高，不但没有使用对冲工具帮助公司缓解风险，反而因为使用了对冲工具而加剧了损失。因此，从风险管理的角度来看，非跨国公司由于缺乏风险管理意识和风险管理技术，其很可能有较高的汇率风险敞口。综合来看，从现金流的角度来说，汇率波动对非跨国公司的影响结果可能是不确定的。

综上所述，汇率波动在我国是否会影响到非跨国公司存在不确定性，研究汇率波动在我国是否影响非跨国公司，可以填补关于汇率波动对非跨国公司影响研究的缺失。我们首先需要知道汇率波动是否影响非跨国公司，在知道结论后才能进一步研究影响路径，从而找出控制风险的方式和方法。

本章的第二部分是文献回顾，第三部分是研究设计，第四部分是实证结果分析，第五部分是本章小结。

3.2 文献回顾与研究假设

3.2.1 汇率波动与公司汇率风险

前人有许多关于汇率波动是否对公司造成影响的实证研究。一部分学者以汇率市场化国家的公司作为研究对象：潘赞利、西姆金斯和劳克斯（2001）等认为汇率风险对公司价值有重要影响，而不同的风险控制方法产生的风险控制效果也不尽相同。何和吴（HE and NG, 1998）使用日本公司的数据研究汇率风险对公司价值的影响。他们发现，1979~1993年在171家跨国公司中有25%的公司的价值显著受到汇率波动的影响。巴托夫和博德纳尔（1994）以明确提到公司有汇率风险的企业为研究对象，发现美元的汇率变动对公司的汇率风险敞口并没有显著的解释力度。另一部分学者以汇率非市场化国家的公司作为研究对象：郭飞（2012）使用我国2007~2009年的跨国公司数据，证明了我国的跨国公司价值显著受到汇率风险的影响。谷任和张卫国（2012）在人民币汇率变迁制度的背景下对1999~2011年的645家进口上市公司展开研究，发现汇率波动对这些公司的利润产生显著影响并最终影响这些公司的价值。还有一些学者虽然没有专门关注非跨国公司价值与汇率波动的关系，但也没有在研究样本中排除这类公司。博德纳尔和金特里（1993）使用美国、加拿大、日本数据，同样证实了行业的不同汇率风险敞口不同，他们的研究没有在样本中对非跨国公司进行排除，可见其结果对非跨国公司具有一定的适用性。专门研究非跨国公司的汇率风险的是阿加沃尔和哈珀（2010），他们使用美国非跨国公司数据得出了美国非跨国公司的公司价值显著受到汇率波动影响的结论。

  以上这些文章主要考虑汇率波动对公司的股票回报率的影响。还有另一部分学者认为，影响股票回报率的因素有很多，难以在控制变量中进行全面的控制。而使用现金流作为被解释变量则能更直观地看到汇率波动对公司的影响。并且关于流量传导机制的一个重要入手点正是现金流影响。其主要的思想为，汇率波动通过折算等改变了公司的现金流量。对于这一传导机制，学者们没有任何争议。普拉萨德和拉詹（1995）分别用双变量模型和三变量模型研究美国、英国、德国和日本四个不同市场的汇率波动对公司的影响，发现当使用双变量模型时（解释变量为市场回报率和汇率波动率），仅有美国公司表现出对汇率波动的敏感性。当使用三变量模型时（解释变量加上利率波动），四个市场的公司都表现出对汇率波动的敏感性。但他们并未解释具体的原因，只是简单说明了汇率波动影响现金流，而利率波动影响折现率，两者一起影响公司。布雷丁和海德（2010）认为，公司是否受到汇率波动影响不仅仅要看股票回报率是否受到影响，还要看现金流是否受到影响。他们以G7为研究对象，将不同国家的上市公司分别按照行业做成行业投资组合，发现这些投资组合的回报率不显著受到汇率波动的影响，但其现金流量显著受到汇率波动的影响。

  确定汇率波动对公司影响的窗口期也是学者们一直讨论的问题。总体来说，这个问题涉及两个方面：第一，汇率波动对公司的影响是同时性的还是有时间差的；第二，汇率波动的测量应该用哪个窗口期更为合适。巴托夫和博德纳尔（1994）以财务报表中有显著汇率风险的公司为研究对象，发现汇率波动与公司的汇率风险之间并没有同时关系，但却发现美元的变动对公司的影响有明显的滞后性。这说明，汇率波动传导到公司是需要一个过程的。库特莫和马丁（Koutmo and Martin，2007）使用GRACH模型来允许汇率波动对公司影响的滞后性。另外，早期的汇率波动都是以月来度量，即学者们考察的是汇率的月度变动对公司月度股票回报率的影响。然而，如果汇率波动对公司的影响是长期而持久的，那么我们也许需要采取更长的窗口期，如以季度、年度来观察。周等（1997）；马丁和莫尔（2003）对这个问题进行了研究，总体来说他们认为使用的窗口期越长公司的汇率风险越显著。博德纳尔和王（2003）则对此结论持有保留态度，他们认为过长的窗口期会导致样本难以相互匹配。

美国市场相对中国市场来说更为开放，更为健全，汇率变动完全受到市场的控制。而中国的汇率变动受到行政的干预，特别是2008年金融危机以来为了保证我国经济的稳定，我国将人民币兑美元固定在6.82左右长达两年。因此使用汇率市场化国家的数据得出的结论是否适用于汇率非市场化的国家尚无法确定，但我国学者已经证明了在汇率非市场化的背景下，汇率波动会影响跨国公司的价值，这说明汇率在我国具有传导效应，具备影响非跨国公司价值的可能，据此我们提出假设1。

假设1a：在我国，汇率波动显著负向影响非跨国公司的股票回报率。

假设1b：在我国，汇率波动显著影响非跨国公司的现金流。

3.2.2 汇率波动与汇率改革

2010年我国进行了汇率改革，由原来的单盯美元改为以市场供求为基础，参考"一篮子"货币进行调节。单盯美元的汇率政策是一种完全依赖美元的现象，即将本国货币与美元紧密相连，且大部分跨国交易都以美元为媒介来完成。这种现象在亚洲、拉丁美洲以及非洲都非常普遍。近年来，越来越多的国家尝试进行改革，降低或消除美元对本国汇率的影响。这种对美元的脱离分为完全脱离和部分脱离。前人依据这一现象研究完全脱离美元的汇率改革与部分脱离美元的汇率改革。在完全脱离美元的改革方面，卡祖努布和福成（Kazunobu and Fukunari, 2009）、巴马尼-奥斯科伊和帕斯泰（Bahmani-Oskooee and Paysteh, 1993）认为，汇率的波动会造成资本市场的波动、影响进出口贸易，甚至影响本国的投资。因此，研究汇率政策变动所带来的影响是十分必要的。阿科菲奥索瓦（Akofio-Sowah, 2009）、博格特（Bogetic, 2000）对拉丁美洲国家完全脱离美元的改革展开研究，发现在完全脱离美元之后，这些国家的汇率波动率降低了。

与完全脱离美元的改革结果不同，部分脱离美元的改革其汇率波动并没有降低，而是出现了加剧的情况。阿克恰等（Akcay et al., 1997）发现，部分脱离美元的国家其汇率波动加剧，他认为产生这一结果的原因是货币之间的替代性增强使得汇率必须频繁波动来保证不同货币之间的价值相等。学者们还关心在固定汇率制的国家，这种脱离美元的行为是否会帮助稳定汇率波动。孟沙和福尔摩斯（Mengesha and Holmes, 2013）认为这取决于这些固定汇率制的国家是否有"黑市"，如果这些国家的"黑市"活跃，那么即使该国家力行稳定的汇率政策也无法阻止汇率的波动。

2010年的汇改是我国平衡美元对汇率决定力的一次尝试，其目的在于稳定汇率，将非市场化的汇率制度逐步向市场化调整，优化市场环境，促进公司健康发展。在这一动态调整的过程中，汇率波动会发生变化，这种变化很可能引起汇率波动与公司价值之间的关系发生变化，据此我们提出假设2。

假设2a：2010年的汇率改革缓解了汇率波动对非跨国公司股票回报率的影响。

假设2b：2010年的汇率改革缓解了汇率波动对非跨国公司现金流的影响。

3.2.3 公司特征与公司汇率风险

除了研究公司价值与汇率风险的关系，学者们还关注公司特征与汇率风险的关系。

第一，在公司规模上，公司规模与公司风险息息相关是风险管理理论的重要思想，该理论认为，公司规模越大，抵御风险的能力越强；公司越小，抵御风险的能力越弱。这主要是由于，一是规模大的公司往往有更强的竞争实力，是行业中的佼佼者，风险到来时一般较晚受到波及。二是规模大的公司常常同时涉足多个领域，这可以起到分散风险的作用，因此其抵御风险的能力也就变强了。实证研究也证明了这一理论。斯密特和瓦茨（1992）认为，公司的规模其实就是公司的经营广度，公司规模越大，经营广度就越广。这种较广的经营范围能够帮助公司分散风险，提高风险防御能力。这一规律适用于各类风险，其中也包括了汇率风险。周、李和绍尔特（1997）研究了1991～1997年美国的213家跨国公司，发现汇率波动对规模大的公司产生正向的影响，即汇率波动给这些公司带来财富增加效应。而对于规模较小的公司来说，汇率波动带来的是负向的影响，即汇率波动给这些公司带来财务效应的减少。穆勒和维尔肖（2007）的实证研究也证明，规模大的公司的汇率风险敞口要远远低于规模小的公司。楚和库克（2008）则以新兴市场为研究对象，选取制造业公司和金融业公司为研究样本，发现规模大的公司的汇率风险管理能力更强，管理意识也更强。善于采用金融衍生产品来降低公司的汇率风险，因此，规模大的公司的汇率风险更低。

第二，从资本结构说，资本结构本身就表示着公司的债务风险程度，当财务杠杆较高时，公司的财务自由度就会降低，则风险来临时应对风险的资金就会变得比较有限，使得抵御风险的能力下降。南奈斯密特和斯密特（1993）认为财务杠杆较低的公司在风险来临时有更足够的资金应对风险，为公司在风险中争取到较充裕的缓冲时间与空间，从而降低公司的汇率风险。周和陈（1998）也证明了南奈斯密特和斯密特（1993）的观点，他们认为，财务杠杆越高公司面临的汇率风险就会越大。何和吴（1998）以日本的跨国公司为研究对象，发现公司的汇率风险敞口与公司的长期负债率有显著相关性。当长期负债率较高时，公司的汇率风险敞口就较大，而长期负债率较低时，公司的汇率风险敞口就较低。

第三，理论研究指出，行业是影响汇率风险敞口的重要因素。若里翁（1991）最早发现美国不同行业的汇率风险敞口存在显著差异。博德纳尔和金

▶▶ 汇率波动、竞争机制与非跨国公司汇率风险

特里（1993）使用来自美国、加拿大和日本的数据，用实证的方式证明了若里翁（1991）的理论观点。他们发现不同的行业其汇率风险大小以及汇率风险敞口的方向都是不同的。

第四，学者们往往用海外销售占比来衡量公司的国际化程度。他们认为公司的国际化程度越高，其受到汇率波动的影响也就会越大。崔和普拉萨德（1995）研究了1978~1989年美国的跨国公司的汇率风险敞口，发现国际化程度对公司的汇率风险敞口有明显的解释力度。与之类似的威廉姆森（2001）则认为，海外销售收入显著影响着公司的汇率风险敞口，他主要以来自美国和日本的制造公司为研究对象。潘赞利、西姆金斯和劳克斯（2001）也研究了国际化程度与公司的汇率风险敞口的关系，不同之处在于他们衡量公司国际化程度的变量不是海外销售占比，而是海外分支机构的数量。他们得出了与前人完全相反的结论，认为公司的国际化程度越高其汇率风险敞口就会越小。他们解释说这是由于这类公司面临着更严峻的汇率风险，因此其有极强的汇率风险预测和管理能力，由于模型计算出的是采取了汇率风险管理手段之后的"净风险"，因此这些公司的汇率风险是不显著的，因为风险得到了良好的控制。阿加沃尔（2010）则以美国外汇交易不足5%的公司作为研究对象，发现这些国际化程度超低的公司也显著受到汇率波动的影响。他认为，国际化程度并不是公司的汇率风险的决定因素，因为汇率风险除了可以直接传播之外，还会通过改变公司所处的竞争环境和价值链环境来对公司造成间接的影响。马丁和莫尔（2003）以及伯纳德和王（2003）也支持了这一结论。他们以银行业作为样本，研究这些公司的汇率风险。发现，本土银行普遍存在着汇率风险敞口，而且这种敞口竟然比跨国银行的汇率风险敞口更大。

第五，迈尔斯认为，高成长性的公司面临着更高的投资不足问题，因此这类公司往往有较高的负债，这种负债对公司就是一种风险。与之观点一致的还有巴克莱和斯密特（1995），格德斯和欧普乐（1996），巴克莱、马克思和斯密特（1997），他们发现公司的成长性与所承受的风险是正相关关系。阿加沃尔和哈珀（2010）将这一结论运用到汇率风险中，发现公司的成长性会影响其所遭受的汇率风险程度，成长性越高汇率风险越高。因为成长性本身就是一

个风险的信号,当公司处在高速成长期时其资金较为紧缺,加上公司尚未稳定,其风险本身就较高。

第六,公司的盈利能力也是一种财务自由化程度的象征。盈利能力越高说明财务自由度越高,则在生产经营活动中享有更多的主动权,风险来临时也能更灵活地应对。阿加沃尔和哈珀(2010)证实公司的资本周转率和盈利能力越高,其受到汇率风险的影响就越小。因为更高的资本周转率和盈利能力让公司在面对汇率风险带来的波动时更自如。

据此,我们将这些对公司汇率风险大小产生影响的公司特征变量作为控制变量,使研究结果更可靠。

3.3 研 究 设 计

3.3.1 样本选择与数据来源

本书的研究对象是我国上市公司,选取 2006~2014 年的沪市 A 股和深市 A 股上市公司数据。本书对数据进行了以下处理:①若公司从 2006~2014 年连续海外收入占总收入比低于 10% 即视该公司为非跨国公司,以此为标准将其他公司剔除。②将样本中解释变量与被解释变量数据不连续或存在缺失值的公司剔除。剩余 394 家公司为本书样本。本书所使用的微观数据,如我国上市的非跨国公司及跨国公司的数据来自于 CSMAR 国泰安金融数据库,宏观数据,如汇率等数据取自于万德数据库。③本书使用的统计工具为 Stata14.0 软件。

3.3.2 变量定义与数据说明

解释变量 1:汇率变动率

$XR_{i,t}$:用来描述美元、欧元、港币及人民币名义和实际有效汇率指标的变动程度。其中美元、欧元和港币兑人民币的汇率采用的是间接标价法，以美元为例，即一单位美元可以兑换多少单位的人民币。该数值越大说明人民币越处于贬值状态，该数值越小，说明人民币越处于升值状态。与之对应的，计算出来的变动率为正则人民币贬值，计算出来的变动率为负责人民币升值。实际有效汇率指数根据国家与国家之间的相对价格水平调整后的汇率指标。实际有效汇率指数上升代表本国货币相对价值的上升，下降代表本国货币相对价值的下降。该指标的计算公式如下：

$$XR_{j,t} = \left(\frac{EX_{j,t}}{EX_{j,t-1}} - 1 \right) * 100$$

其中，$EX_{j,t}$为汇率指标i在t期期末汇率值，$EX_{j,t-1}$为汇率指标i在$t-1$期期末汇率值。

由图3-1和图3-2可以看到人民币开始波动以来，其整体的趋势是一个升值的趋势。特别是2006~2008年期间，人民币处于一路升值状态，几乎没有任何贬值迹象。同时我们看到，汇率的整体走势是基本一致的，无论是美元、欧元还是港币，这说明我们的汇率的确是参照了"一篮子"货币来决定的，并且权重合理。同时，港币的走势和美元的走势几乎重合，这是由于港币与美元联系较紧密引起的。另外，自2006年以来，汇率波动出现了明显的加剧模式，特别是在2012~2014年期间，人民币的波动率在正向和负向之间切换频繁。这说明人民币二次汇改之后，人民币汇率出现了较大程度的调整，且波动方向和程度呈现了复杂多变的态势。其中，港币和美元汇率变动率继续保持一致，欧元的变动率则明显比港币和美元剧烈得多，不但变动幅度较大，且变动频率也更高。总体来说，人民币自2006年以来呈现整体升值态势，初期走势较为平稳，是平稳升值阶段。到了2012年以后开始变动更为频繁，由单边波动变成双边波动，且波动率更为剧烈。

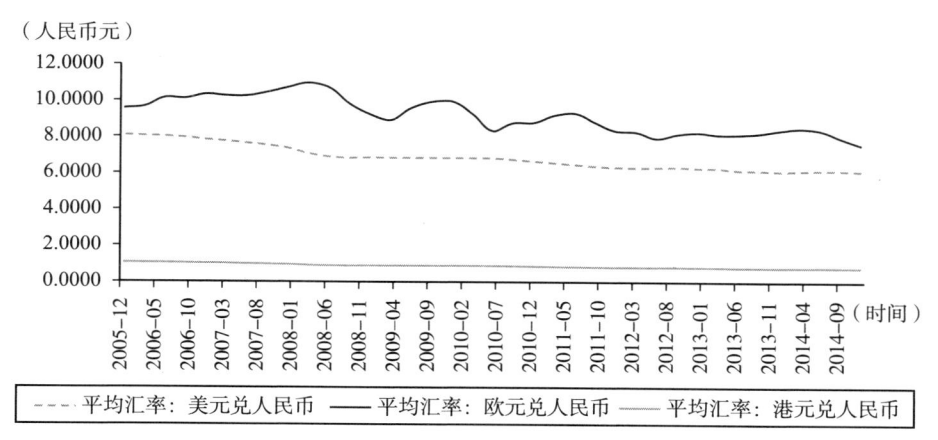

第3章 汇率波动对非跨国公司股票回报率与现金流的影响

图 3-1　2006~2014 年汇率走势

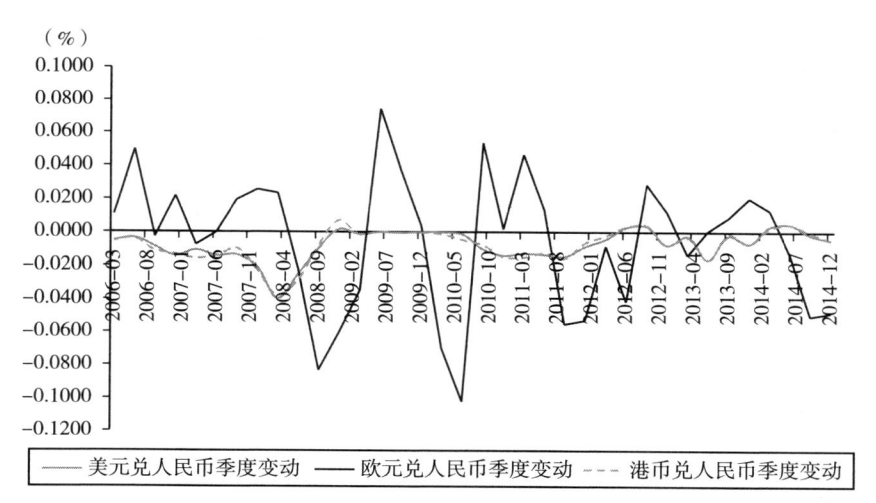

图 3-2　2006~2014 年汇率变动率

解释变量 2：市场回报率

$R_{m,t}$：市场回报率是指股票市场中所有股票的平均回报率。由于本书同时涉及沪市 A 股和深市 A 股的股票，因此市场回报率也是按照市场类型进行单独计算的。计算方法如下：

$$R_{m,t} = \frac{\sum_n w_{n,t} r_{n,t}}{\sum_n w_{n,t}}$$

$R_{m,t}$为市场 m 在 t 期内所有股票的加权平均回报率；$r_{n,t}$为考虑现金红利的个股回报率。

被解释变量1：公司的股票回报率变化

$R_{i,t}$：即公司的股票收益率变化。计算方法如下：

$$R_{i,t} = \frac{P_{i,t}}{P_{i,t-1}} - 1$$

其中，$P_{i,t}$为股票 i 在 t 期最后一个交易日的考虑现金红利再投资的日收盘价；$P_{i,t-1}$为股票 i 在 $t-1$ 期最后一个交易日的考虑现金红利再投资的日收盘价。

被解释变量2：公司经营性现金流量变化

$CCF_{i,t}$：计算方法如下：

$$CCF_{i,t} = \frac{CF_{i,t}}{CF_{i,t-1}} - 1$$

其中，$CF_{i,t}$为公司 i 在 t 期的经营性现金流量；$CF_{i,t-1}$为公司 i 在 $t-1$ 期的现金流量。

以上解释变量与被解释变量是回归分析中需要重点关注的变量，其他关于公司特征的变量是用来控制其他因素对回归结果的影响的，一并在表3-1中列出。

表3-1   变量说明表

变量名称	变量符号	变量定义
汇率变动率	$XR_{i,t}$	$XR_{i,t}$为某货币标价的人民币汇率变动率，其中 $EX_{i,t}$ 为 i 货币兑人民币汇率在 t 期期末的中间价。$XR_{i,t} = \left(\frac{EX_{i,t}}{EX_{i,t-1}} - 1\right) \times 100$
现金流量变化	$CCF_{i,t}$	公司经营性现金流量变化。其中，$CF_{i,t}$为公司 i 在 t 期的经营性现金流量；$CF_{i,t-1}$为公司 i 在 $t-1$ 期的现金流量。$CCF_{i,t} = \frac{CF_{i,t}}{CF_{i,t-1}} - 1$
股票回报率	$R_{i,t}$	$P_{i,t}$为公司 i 在 t 期最后一个交易日的考虑现金红利再投资的日收盘价，$P_{i,t-1}$为股票 i 在 $t-1$ 期最后一个交易日的考虑现金红利再投资的日收盘价价格。$R_{i,t} = \frac{P_{i,t}}{P_{i,t-1}} - 1$

续表

变量名称	变量符号	变量定义
市场回报率	$R_{m,t}$	$R_{m,t}$为市场m在t期内所有股票的加权平均回报率
资本结构	LEV	公司各种资本（负债、股权等）的价值构成及其比例，计算公式为：（当年）资产负债率=（当年）负债总额/（当年）资产总额
公司规模	SIZE	计算公式为：（当年）公司规模=ln（当年）销售收入
所处行业	IND	公司所处的行业类别。参照证监会行业分类表确定
海外销售额	FS	公司在每个年度的海外销售额的人民币计价额
盈利能力	PRMARGIN	计算公式为：（当年）销售盈利能力=[（当年）营业收入－（当年）营业成本]/（当年）营业收入
成长性	MKBK	公司的成长潜力、投资机会和发展前景。计算公式为：（当年）市账比=（当年）市场价值/（当年）账面价值

3.3.3 模型选择

本书首先使用普遍被采用的双因素模型来研究汇率变动与公司股票回报率的关系。双因素模型公式如下：

$$R_{i,t} = \alpha_1 + \alpha_2 R_{m,t} + \gamma_{i,t} XR_t + \varepsilon_{i,t} \tag{1}$$

其中，$\gamma_{i,t}$为i公司在t期的汇率风险敞口。双因素模型已为多个经济学者所使用，如巴托夫（1996）、巴托夫和博德纳尔（1994），格里芬和斯图尔兹（2001），博德纳尔和金特里（1993）等。

为了使本书结论更可靠，进一步检验非跨国公司是否存在汇率风险，本书参考阿加沃尔和哈珀（2010），瓦茨（1992），穆勒和维尔肖（2007），周和陈（1998）等的研究模型，在双因素模型的基础上加入市账比和规模因素等控制变量，控制住公司特征对回归结果的影响，模型如下：

$$\begin{aligned}R_{i,t} = &\beta_1 + \beta_2 RM_t + \gamma_{i,t} XR_t + \beta_3 Lev_{i,t} + \beta_4 SIZE_{i,t} + \beta_5 Ind_{i,t} + \beta_6 FS_{i,t} \\ &+ \beta_7 MKBK_{i,t} + \beta_8 PRMARGIN_{i,t} + \varepsilon_{i,t}\end{aligned} \tag{2}$$

布雷丁和海德（2010）等认为，汇率波动对公司的影响主要表现在对现金流量的影响上，因此本书也将汇率波动对现金流的影响考虑在内，使用的回归模型如下：

$$CCF_{i,t} = \beta_1 + \gamma_{i,t}XR_t + \beta_2 Lev_{i,t} + \beta_3 SIZE_{i,t} + \beta_4 Ind_{i,t} + \beta_5 PRMARGIN_{i,t} + \beta_7 FS_{i,t} + \varepsilon_{i,t}$$

(3)

3.3.4 描述性统计

表3-2描述了美元兑人民币、欧元兑人民币和港币兑人民币的季度变动率情况。从描述性统计表中我们可以看到一些这一阶段汇率变动的显著特点。第一，无论是美元兑人民币、港币兑人民币还是欧元兑人民币变动率的均值均为负值，这说明2006~2014年的人民币汇率是一个明显的升值趋势。其中欧元的最大变动率甚至高达10%，可以说是十分剧烈的。而港币和美元也最高达到了4%。第二，从方差的指标来看，欧元的波动率变动幅度是远远超过了美元和港币的，高达4%，且正向波动与负向波动之间差值达到了17%，这再次反映出人民币兑欧元的波动之剧烈。而美元和港币则比欧元略微平缓，方差达到0.8%，正向负向波动之间的差值达到3%。第三，欧元的汇率波动最大值和最小值的绝对值均较高，分别为10%和7%，说明人民币兑欧元的变动比较复杂，升值和贬值的情况均有出现且幅度不小。而人民币和美元的波幅最大值仅为0.4%和0.6%，说明人民币兑美元和港币基本处于升值状态，贬值幅度较小。最后，由于港币是紧盯美元的，因此两者的波动趋势十分相近。

表3-2　　　　　　　　汇率波动率的描述性统计

指标	美元季度变动	欧元季度变动	港币季度变动
	28 143	28 143	28 143
均值	-0.006	-0.005	-0.006
中位数	-0.004	0.000	-0.004
方差	0.008	0.041	0.008
最大值	-0.039	-0.102	-0.037
最小值	0.004	0.074	0.006

表3-3为对样本公司的描述性统计。我们看到股票的季度回报率的均值

第3章 汇率波动对非跨国公司股票回报率与现金流的影响

为0.09,中位数为0.02,最大值为11.61,说明样本中的大部分公司的股票回报率都为正数,公司整体受到投资者的认可度较好,在2006年至2014年的人民币升值期间,公司普遍都有较好的表现。从经营性现金流来看,均值和中位数均为正数,也说明这些公司在这一期间的运营状况良好,但是也看到最小值为负数,说明个别公司存在亏损情况。资本结构上,均值和中位数十分接近,分别为0.49和0.46,说明这些公司的资本结构非常接近,且大部分的公司股权融资与债务融资各占一半,整体说来负债水平较高。再从公司规模来看,均值和中位数均为21,说明这些公司的规模较为接近,分布均匀,最大值和最小值之间相差较小。从市账比来说,公司之间的差异较大,最大值与最小值之间相差600多个单位。市账比主要用来衡量公司的成长性,说明样本中的公司有一些属于发展得较完全的公司,还有一些为发展较为迅速的公司,样本的覆盖较为全面。最后看盈利能力,可以看到均值仅为0.162,说明样本中的公司整体来说盈利能力都不是很高,但是也看到最大值高达1 660.44,最小值则为-443.985,说明样本中的公司之间差异较大,样本的覆盖也较为全面。

表3-3　　　　　　　　　　样本特征的描述性统计

指标	$R_{i,t}$	CASH	LEV	SIZE	MKBK	PRMARGIN
样本量	28 143	28 143	28 143	28 143	28 143	28 143
均值	0.088	24.912	0.486	21.579	4.066	0.162
中位数	0.027	82.236	0.457	21.476	3.000	0.035
方差	0.371	12.264	0.518	1.198	14.668	10.464
最小值	-0.663	-10.422	-0.194	16.161	-398.647	-443.085
最大值	11.610	41.751	13.711	26.954	332.017	1 660.440

表3-4为本章样本公司的行业描述性统计。从表3-4中可以发现,制造业占到样本数量的50%,次之的为房地产业和批发零售业。根据之前的理论回顾和文献综述,我们知道制造业、房地产业以及批发零售业都是符合汇率传递理论的,并且这些行业是非跨国公司中较为容易产生汇率风险的行业。这些行业在样本中占较大比重很可能使得回归结果与假设一致,即汇率波动会影响

非跨国公司。

表 3-4　　　　　　　　　样本行业描述性统计

行业名称	字母代码	总数	占比（%）
农、林、牧、渔业	B	414	1.47
采矿业	C	752	2.67
制造业	D	14 312	50.85
电力、热力、燃气及水生产和供应业	E	1 911	6.79
建筑业	F	746	2.65
批发和零售业	G	2 501	8.89
交通运输、仓储和邮政业	H	1 007	3.58
住宿和餐饮业	I	423	1.5
信息传输、软件和信息技术服务业	K	1 579	5.61
房地产业	L	3 308	11.75
租赁和商务服务业	M	312	1.11
科学研究和技术服务业	N	103	0.37
水利、环境和公共设施管理业	Q	775	2.75

3.4　实证结果分析

3.4.1　汇率波动对公司的影响

前人在研究汇率波动对公司的影响时无外乎是从两个方面入手：一方面观察汇率波动对公司股票回报率的影响；另一方面关注汇率波动对公司现金流量的影响。汇率波动对股票回报率的影响因素比较复杂，这是由汇率波动对股票回报率的传导路径造成的。一方面，股票回报率一定程度上包含了公司价值、经营状况的信息，因此，当汇率波动通过影响竞争环境、供应商价格而影响公

第3章 汇率波动对非跨国公司股票回报率与现金流的影响

司的现金流量时,股票回报率亦会有所体现。另一方面,汇率波动影响整个市场上的货币供求,从而使得流入股票市场的资金增多或者减少,进而使得流入个股的资金增多或者减少,最后影响公司的股价而影响公司的股票回报率。同时,汇率波动的变化还会影响投资者的情绪,影响投资者对未来市场的判断,从而影响投资者对公司股票的估值。因此,汇率波动对公司股票回报率的影响是十分复杂的。也正是由于这种复杂,使得其影响方向和程度难以判断。

表3-5是汇率波动对公司股票回报率的影响结果的报告,该表展示了2006~2014年所有的样本的回归结果(显著样本和不显著样本均在列)。如表3-5所示,我们从三个中国公司常用的货币入手,即美元、欧元和港币。分别回归了美元波动对样本中公司的影响,欧元波动对样本中公司的影响以及港币波动对样本中公司的影响。进一步的,由于前人对汇率波动对公司影响是否存在滞后性以及到底滞后多少期存在争议,因此本书选用了三个常用的时间窗口,即当月汇率波动对当月公司股票回报率的影响,三个月前的汇率波动对当月股票回报率的影响以及一年前的汇率波动对当月股票回报率的影响。我们将回归的系数和标准差在表中一一列式。我们发现,第一,汇率波动对公司股票回报率影响在当月的结果是不一致的,美元几乎在当月对公司的股票回报率没有敏感系数,而欧元则表现出了正向的影响,港币则表现出了负向的影响。第二,当时间窗口期为滞后三个月时,无论是美元、欧元还是港币,其影响的方向都是负向的,即汇率波动程度越高公司的股票回报率越低。同时我们观察到,在三个月的窗口期内汇率波动率对公司股票回报率的敏感系数是最高的,分别为-0.70、-0.03和-0.27。说明三个月的滞后期可能是汇率波动对公司股票回报率影响的高峰。第三,我们看到回归结果为正的样本量和回归结果为负的样本量分布得较为均衡,两者相差不是十分明显,回归结果为负的样本量比回归结果为正的样本量略多一些。说明从股票回报率的角度来说,汇率波动的影响是比较均衡的,有正向的也有负向的。第四,我们还发现,汇率波动只有在选择三个月的滞后期时对公司股票回报率的影响才是显著的,且美元、欧元和港币同时显著。而在同月或滞后一年的窗口期则没有显著的表现。造成这种现象的原因可能有两个,一是汇率波动对公司股票回报率影响的窗口期可能就是滞后三个月。在当月,由于汇率波动对公司股票回报率的传导路径较为

复杂，因此短期内无法传导上去。而在一年期内，由于时间过长，汇率波动对股票回报率的影响已经消失。二是汇率波动对公司股票回报率影响的方向有正向也有负向，且正向影响的公司和负向影响的公司在样本数量上没有明显的差别，那么这些正向影响和负向影响有可能相互抵销，使得最终体现出来的结果是影响不显著。

表 3–5　　　　　汇率波动对公司股票回报率的影响全样本

窗口期		样本数据		回归结果为正的样本			回归结果为负的样本		
		系数	标准差	样本量	系数	标准差	样本量	系数	标准差
美元	一个月	-0.00	0.00	136	0.00	0.00	173	(0.00)	0.00
	三个月	-0.702	0.222	240	5.973	5.190	199	-6.207	11.183
	一年	-0.050	0.181	246	11.842	12.759	193	-13.828	24.510
欧元	一个月	0.105	0.035	172	0.530	0.489	137	-0.413	0.338
	三个月	-0.039	0.044	199	0.919	1.653	240	-0.876	0.825
	一年	-0.005	0.071	221	3.742	6.889	218	-3.526	4.455
港币	一个月	-0.412	0.210	163	2.419	2.611	146	-3.455	8.012
	三个月	-0.275	0.214	251	6.040	5.238	188	-5.901	8.407
	一年	-0.079	0.185	250	11.223	11.109	189	-14.751	22.260

注：本表报告了 394 家上市的非跨国公司在 2006~2014 年美元、欧元和港币汇率波动对公司股票回报率的回归系数和标准差。窗口期分为同期、滞后一期和滞后一年，同时分别将正向敞口和负向敞口的公司的样本量和敏感系数进行了列示，回归过程为：

$$R_{i,t} = \beta_1 + \beta_2 RM_t + \gamma_{i,t} XR_t + \beta_3 Lev_{i,t} + \beta_4 SIZE_{i,t} + \beta_5 Ind_{i,t} + \beta_6 FS_{i,t} + \beta_7 MKBK_{i,t} + \beta_8 PRMARGIN_{i,t} + \varepsilon_{i,t}$$

表 3–6 列出了汇率波动对公司股票回报率影响的样本中显著的样本，并分别从正向敞口和负向敞口两个角度进行了统计。我们可以看到，无论是美元、欧元还是港币，其当月的波动对公司造成的影响是非常有限的，仅有个位数的公司受到了影响。其中欧元的影响最为明显，在 1% 的置信水平下有 5 家公司受到影响，其中正向影响的有 4 家而负向影响的有 1 家。在 5% 的置信水平下有 29 家公司受到影响，其中正向影响的有 16 家，负向的有 13 家。当敞口变成三个月滞后期时，汇率波动对公司股票回报率的影响程度出现了显著的

第3章 汇率波动对非跨国公司股票回报率与现金流的影响

增加,以美元为例,其增加比例高达 42 倍。同时我们还看到,在三个月滞后期窗口下,受美元影响的公司数量是最多的,在 1% 的置信水平下达到了 83 家,其中正向影响的为 53 家,负向影响的为 30 家。而在 5% 置信水平下达到了 135 家,其中正向影响的有 83 家,负向影响的有 52 家。而受欧元影响的公司最少,在 1% 置信水平下仅为 63 家,其中正向影响的为 29 家,负向影响的为 34 家。而在 5% 的置信水平下仅为 110 家,其中正向影响的为 49 家,负向影响的为 61 家。当滞后期变为一年时,受美元、欧元和港币影响的公司都出现了 2~3 倍的增长,其中受美元影响的公司仍然最多,在 1% 置信水平下达到 257 家,其中正向影响 147 家,负向影响 110 家。当置信水平为 5% 时,受美元波动影响的公司有 278 家,其中正向影响的为 159 家,而受负向影响的为 119 家。在表 3-6 中我们观察到,汇率波动仅在滞后三个月期的窗口期时显著影响公司的股票回报率,我们对这一现象也进行了两个方面的分析。从表 3-6 中我们可以看到,当窗口期为一年滞后期时,受汇率波动影响的公司并未减少,反而出现两倍甚至三倍的增加,这说明,汇率波动对公司的影响在一年滞后期中不显著并不是由于时间太长影响消失,而很有可能是由于受正向敞口影响和受负向敞口影响的公司数量上较为接近而出现了互相抵消的情况。以港币为例,当显著性水平为 0.05 时,三个月滞后期情况下,正向敞口公司为 92 家,负向敞口公司为 50 家,正向敞口公司几乎是负向敞口公司的一倍。而当滞后期为一年时,受正向影响的公司为 159 家,受负向影响的公司为 117 家,两者几乎是一比一的比例。最后,我们看到,整体上来说,美元波动是对公司股票波动影响最大的外币,同时港币由于和美元紧密挂钩,因此影响的程度和美元十分接近。

表 3-6　　汇率波动对公司股票回报率的显著性影响

	窗口期	显著性水平为 0.1			显著性水平为 0.05		
		总数	正敞口	负敞口	总数	正敞口	负敞口
美元	一个月	2	0	2	14	6	8
	三个月	83	53	30	135	83	52
	一年	257	147	110	278	159	119

续表

窗口期		显著性水平为0.1			显著性水平为0.05		
		总数	正敞口	负敞口	总数	正敞口	负敞口
欧元	一个月	5	4	1	29	16	13
	三个月	63	29	34	110	49	61
	一年	215	104	111	244	116	128
港币	一个月	7	1	6	17	3	14
	三个月	99	66	33	142	92	50
	一年	253	147	106	276	159	117

注：本表报告了394家上市的非跨国公司在2006年~2014年股票回报率显著受到美元、欧元和港币汇率波动影响的公司的数量，并对正向敞口、负向敞口，显著性水平为0.1和显著性水平为0.05的不同情况进行了分别的列示的，回归过程为：

$R_{i,t} = \beta_1 + \beta_2 RM_t + \gamma_{i,t} XR_t + \beta_3 Lev_{i,t} + \beta_4 SIZE_{i,t} + \beta_5 Ind_{i,t} + \beta_6 FS_{i,t} + \beta_7 MKBK_{i,t} + \beta_8 PRMARGIN_{i,t} + \varepsilon_{i,t}$

汇率波动对公司影响的另一个表现在汇率波动对公司现金流量的影响上。这一影响路径较为直接，其传导过程没有汇率波动对公司股票回报率的影响那样复杂。对于跨国公司来说，汇率波动主要给这些公司带来折算风险、交易风险等。即由于这些公司的生产销售过程会有部分外币计价产品，汇率波动会改变这些产品的购买成本或者销售利润，从而影响这些跨国公司的现金流进而影响公司。而对于非跨国公司来说，汇率波动一方面可以改变公司所处的竞争环境，从而影响公司产品的销量和利润最终影响公司的现金流。另一方面可以影响公司的原料价格，从而影响公司的成本而影响公司的现金流。无论是哪种路径，其传递速度都较快，传导方式较为简单。

表3-7列出了汇率波动对公司现金流量的影响，这张表包括了本书的全部样本（包括现金流显著受到影响的公司和不显著受到影响的公司）。与汇率波动对公司股票回报率的影响不同，汇率波动对公司现金流量的影响显示出了较高的敏感性。无论是美元变动、欧元变动还是港币变动，无论是当月窗口期、滞后三个月窗口期还是滞后一年窗口期，汇率波动对公司现金流的影响都是十分显著的，且系数均为正数。这一结果并不难以解释，首先，汇率波动对现金流的影响较为单一和直接，使得"波动"与"影响"可以快速地发生连

第3章 汇率波动对非跨国公司股票回报率与现金流的影响

接,在当月即有体现。其次,2006~2014年,汇率的整体走势,无论是美元、欧元还是港币都是兑人民币贬值的走势。当非跨国公司的原料与进口商品相关时,公司的原料成本就会降低,与之对应的利润就会上升,同时现金流就会增加。然后我们还观察到,汇率波动对公司股票回报率的影响几乎是较为均衡的,正向影响的公司和负向影响的公司并没有十分显著的差异。然而汇率波动对公司现金流的影响却与之不同,特别是在最为显著的滞后三个月期和滞后一年期,受到正向影响的公司远远要高于受到负向影响的公司。以滞后一年期的美元为例,受到正向影响的公司为268家,而正向影响的公司为175家,受正向影响的公司是受负向影响公司的1.5倍。这可能是由于传递路径的不同导致的。汇率波动对股票回报率的影响的传递路径较为复杂,受许多因素的影响。例如,人民币升值时虽然会带来大量资金涌入到股市当中,但流入之后对个股的分配是难以预测的,投资者如何评价汇率波动对公司股价的影响也是不尽相同的,综合这些因素导致了汇率波动对公司股票价格的影响出现有正有负的现象。而汇率波动对公司现金流的影响较为直接,若提高公司竞争力则现金流增加,提高公司成本则现金流减少,由于样本当中从人民币升值获益的公司较多,因此出现了明显的正向敞口大于负向敞口的情况。最后从影响程度的系数来说,欧元和港币较高,以滞后三个月为例,分别达到了5.79和3.23,而美元仅为1.9。

表3-7　　　　　　　　汇率波动对公司现金流的影响

窗口期		样本数据		回归结果为正的样本			回归结果为负的样本		
		系数	标准差	样本量	系数	标准差	样本量	系数	标准差
美元	一个月	1.902	1.233	139	3.624	7.653	170	-2.251	2.152
	三个月	3.395	8.116	264	1.287	4.199	175	-5.035	9.467
	一年	1.813	3.603	268	9.388	2.754	171	-4.398	8.4853
欧元	一个月	6.667	3.127	183	1.252	2.967	126	-6.636	2.299
	三个月	5.799	1.673	262	1.375	3.898	177	-9.489	2.322
	一年	7.383	9.938	257	3.479	2.403	182	-1.450	5.265

汇率波动、竞争机制与非跨国公司汇率风险

续表

窗口期		样本数据		回归结果为正的样本			回归结果为负的样本		
		系数	标准差	样本量	系数	标准差	样本量	系数	标准差
港币	一个月	6.275	1.954	194	1.965	6.161	115	-6.851	1.591
	三个月	3.231	7.874	266	1.201	3.668	173	-5.011	1.101
	一年	1.908	3.719	266	9.646	2.833	173	-4.545	9.159

注：本表报告了394家上市的非跨国公司在2006年~2014年美元、欧元和港币汇率波动对公司现金流量的影响系数和标准差。回归窗口期分别为当月、滞后三个月和滞后一年。同时分别将正向敞口和负向敞口的公司的样本量和敏感系数进行了列示，表中回归过程为：

$$CCF_{i,t} = \beta_1 + \gamma_{i,t} XR_t + \beta_3 Lev_{i,t} + \beta_2 SIZE_{i,t} + \beta_4 Ind_{i,t} + \beta_5 PRMARGIN_{i,t} + \beta_7 FS_{i,t} + \varepsilon_{i,t}$$

表3-8是汇率波动对公司现金流量的影响的显著性样本报告，报告针对正向敞口和负向敞口以及0.1显著性水平和0.05显著性水平进行了分别的列式。首先，一个十分明显的现象是，现金流量显著受影响的公司数目要远远高于股票回报率显著受影响的公司数目。以滞后三个月的窗口期为例，现金流量显著受美元波动影响的公司为264家，显著受欧元波动影响的公司有113家，显著受港币波动影响的公司有197家。而与之对应的股票回报率显著受以上三种货币影响的公司数量分别为83家、63家和99家，现金流量显著受到影响的公司几乎是显著受股票回报率公司的两倍到三倍。这进一步说明了汇率波动对公司现金流量的影响要显著于汇率波动对公司股票回报率的影响。其次，当月被影响的公司数目较少，当置信水平为0.1时，受美元波动影响的公司有172家，其中正向影响75家，受负向影响的97家。受欧元波动影响的公司仅有1家，是正向的影响。受港币影响的公司有69家，其中受正向影响的52家，负向影响的17家。可以看到与汇率波动对股票回报率的影响相同，在当月受欧元波动对公司现金流的影响的公司是最少的。而到了三个月滞后期的窗口期后，受影响的公司显著上升至264家，113家和197家，是原受影响公司的两到三倍。同时看到美元的三个月滞后窗口其中受影响的公司数量是最多的，当置信水平为0.1时，共264家公司受到影响，其中正向影响的为200家，负向影响的为64家。当置信水平为0.05时，有249家公司受到影响，其中正向影响的为159家，负向影响的为90家。对于欧元和港币来说，一年滞

后期受到影响的公司更多。当置信水平为0.1时，受欧元波动影响的公司共有220家，其中受到正向影响的有139家，负向影响的有81家。受港币波动影响的公司共240家，其中正向影响的有163家，负向影响的有77家。当置信水平为0.5时，共275家公司显著受到欧元波动的影响，其中负向影响167家，正向影响108家。而有279家公司显著受到港币波动的影响，其中受到正向影响的有188家，负向影响的有91家。最后我们发现，美元对公司现金流量的影响在滞后期三个月达到高峰，并一直保持到了滞后期一年。说明美元波动的影响传递的较为迅速。而欧元和港币波动对公司现金流的影响则与其对公司股票回报率的影响类似，在滞后期一年达到高峰，说明欧元和港币对公司现金流的影响传递得较为缓慢。这可能是由于传递路径造成的，对于非跨国公司来说，传递路径主要是竞争环境和原料的价格。同时我们知道，美元是外贸交易中使用得最多的货币，由于它使用的较为广泛，因此传播起来也会更方便、更迅速。

表3-8　　　　　　　汇率波动对公司现金流的显著性影响

	窗口期	显著性水平为0.1			显著性水平为0.05		
		总数	正敞口	负敞口	总数	正敞口	负敞口
美元	一个月	172	75	97	193	84	109
	三个月	264	200	64	249	159	90
	一年	239	160	79	273	182	91
欧元	一个月	1	1	0	10	10	0
	三个月	113	69	44	187	118	69
	一年	220	139	81	275	167	108
港币	一个月	69	52	17	117	86	31
	三个月	197	135	62	249	159	90
	一年	240	163	77	279	188	91

注：本表报告了394家上市的非跨国公司在2006~2014年现金流量显著受到美元、欧元和港币汇率波动影响的公司的数量，并对正向敞口、负向敞口，显著性水平为0.1和显著性水平为0.05的不同情况进行了分别列示，回归过程为：
$CCF_{i,t} = \beta_1 + \gamma_{i,t} XR_t + \beta_3 Lev_{i,t} + \beta_2 SIZE_{i,t} + \beta_4 Ind_{i,t} + \beta_5 PRMARGIN_{i,t} + \beta_7 FS_{i,t} + \varepsilon_{i,t}$

3.4.2　汇率改革与汇率波动

在这一部分我们研究汇率改革前后公司受汇率波动影响的变化情况，从股

▶▶ 汇率波动、竞争机制与非跨国公司汇率风险

票回报率和现金流量两个角度探寻汇率波动对我国公司的影响。经过上文分析我们发现，汇率波动对公司股票回报率的影响和现金流量的影响整体说来在三个月滞后期时最为显著，且美元波动对公司的影响最为明显，因此在这一部分我们选择三个月滞后期美元波动对公司的影响来研究汇率改革的效果。

如表 3-9 所示，2006~2009 年，我国的非跨国公司的股票回报率显著受到了汇率波动的负向影响，影响系数为 -1.53。进一步我们对样本中的公司进行逐一回归分析发现，在 0.05 的置信水平下有 104 家公司显著受到汇率波动的影响，其中受到正向影响的为 70 家，负向影响的为 34 家，占样本总量的 26%。在 0.1 的置信水平下有 132 家公司显著受到汇率波动的影响，其中受到正向影响的为 85 家，负向影响的为 47 家，占到样本总量的 33%。

将这一结果与阿加沃尔和哈珀（2010）进行对比，其在 0.05 的置信水平下有 6% 的非跨国公司显著受到影响，在 0.1 的置信水平下有 11% 的非跨国公司显著受到影响。这说明，在汇率非市场化的条件下汇率波动对公司价值的影响与汇率市场化条件下的影响程度有较大的差距，虽然汇率波动率受到了严格的行政干预，但非跨国公司依然受到了汇率的影响。由于公司特征对公司的汇率风险、公司的股票回报率产生影响。因此，为了使结论更为可靠，本书在双因素模型中加入了公司特征的控制变量，控制这些因素对回归结果的影响。回归结果同样见表 3-9。在表 3-9 中可以看到，加入公司特征的控制变量之后，模型的解释力度显著提高，R-square 的值从 0.28 提高到 0.30。同时，显著受到汇率波动影响的公司数量有所上升，在 0.1 的置信水平下，由 132 家提高到 137 家；在 0.05 的置信水平下由 104 家提高到 115 家。但是，主要的结论并没有发生改变，甚至可以说对主要结论的支持力度提升了。改进模型的回归结果依然表示汇率波动对非跨国公司的公司价值产生了显著的影响，两者呈负相关关系。

2010 年我国重启汇率改革，由原来的完全由美元带动改为"以市场供求为基础，参考'一篮子'货币进行调节"，"允许汇率进行双向波动，并使之成为一种常态的综合汇率决定体系"。这种宏观政策转变很可能会对汇率波动与非跨国公司价值之间的关系产生影响。我们参照模型一和改进模型，套用 2011~2014 年汇改后的数据对同样的公司进行研究，得出的结论见表 3-9。

第3章 汇率波动对非跨国公司股票回报率与现金流的影响

表3-9　　汇率改革前后汇率波动对公司股票回报率的影响

控制变量	2006~2009年 $R_{i,t}$	显著性10%	占总样本比例	显著性5%	占总样本比例	2011~2014年 $R_{i,t}$	显著性10%	占总样本比例	显著性5%	占总样本比例
$XR_{i,t}$	-1.533 (-3.28***)	132 (+85, -47)	33%	104 (+70, -34)	26%	0.297 (1.78*)	121 (+79, -42)	30%	96 (+68, -28)	24%
$R_{m,t}$	1.092 (59.58***)					1.195 (72.02***)				
Prob > F	0					0				
R-square	0.28					0.29				
加入公司特征控制变量											
$XR_{i,t}$	-1.515 (-3.25***)	137 (+93, -44)	34%	115 (+84, -31)	29%	0.3236 (1.92*)	123 (+81, -42)	31%	103 (+76, -27)	26%
$R_{m,t}$	1.087 (59.45***)					1.198 (71.88***)				
LEV	0.063 (7.70***)					0.009 (2.70**)				
PRMARGIN	0.009 (2.14**)					0.001 (0.06)				
SIZE	-0.018 (-4.92***)					-0.002 (-2.13**)				
MKBK	0.005 (2.30**)					0.009 (0.22)				
FS	0.005 (1.32)					0.006 (1.33)				
Prob > F	0					0				
R-square	0.30					0.30				

注：本表报告了394家上市的非跨国公司的股票回报率在2006~2009年及2011~2014年受美元波动影响的显著性，表中上半部分回归过程为：

$$R_{i,t} = \infty_i + \beta_i R_{m,t} + \gamma_{i,t} XR_{j,t} + \varepsilon_{i,t}$$

表中下半部分考虑了加入了公司特征控制变量，回归过程为：

$$R_{i,t} = \beta_1 + \beta_2 RM_t + Y_{i,t} XR_t + \beta_3 Lev_{i,t} + \beta_4 SIZE_{i,t} + \beta_5 Ind_{i,t} + \beta_6 FS_{i,t} + \beta_7 MKBK_{i,t} + \beta_8 PRMARGIN_{i,t} + \varepsilon_{i,t}$$

表中，与每个参数名称对齐的为变量对应各个模型下的参数估计值，下一行（）内表示的是参数估计的 t 检验值；*** 代表该参数值在1%置信水平下显著。** 代表该参数值在5%置信水平下显著。汇率变动率与显著性一栏列示了汇率风险显著的公司数量，下方括号中分别列示了显著为正的公司数量以及显著为负的公司数量。

▶▶ 汇率波动、竞争机制与非跨国公司汇率风险

汇率改革之后汇率波动仍然对非跨国公司的价值有显著的影响,但影响的方向发生了转变,由原来的负向影响变为现在的正向影响。接着再对每一家公司进行逐一回归可以发现在 0.05 的置信水平下有 103 家非跨国公司价值显著受到汇率风险影响,其中受到正向影响的有 76 家,负向影响的有 27 家,总体占样本总量的 24%;在 0.1 的置信水平下有 123 家非跨国公司价值显著受到汇率风险的影响,其中受到正向影响的有 81 家,受到负向影响的有 42 家,总体占样本总量的 30%。这些数据说明汇率改革之前与汇率改革之后股票回报率受到汇率波动影响的公司出现了明显的下降,这表明汇改从总体上缓解了汇率波动对非跨国公司的影响,对非跨国公司具有十分重要的意义。

表 3-10 则从现金流的角度展示了汇率改革前后汇率波动对公司的影响。首先我们看到,无论在汇率改革之前还是之后,汇率波动都对公司的现金流产生了显著地影响,但与汇率波动对股票回报率的影响不同,汇改前后汇率波动对公司现金流的影响均为正向。关于这一点我们认为可能的解释是,股票回报率受许多因素的影响,不仅仅是公司的业绩。虽然在 2006~2014 年人民币的升值给大部分的本土公司带来了现金流量的增加,但并不表示股票回报率就一定会上升。因为股票回报率还受到投资者心理的影响,在投资者看来无论人民币升值或者贬值,只要人民币波动就是一种风险,风险就意味着损失。虽然人民币暂时的升值可能带来了业绩的上升,但同时也预示着一旦贬值业绩就会出现巨大的下滑。然而在人民币刚刚开始波动的初期,公司的汇率风险管理能力是十分有限的,投资者一方面看到了汇率波动带来的风险;另一方面发现公司没有采取相应的措施,因此即使看到了一部分正向的影响也会对公司的未来表示担忧,对其的估值可能会下降使得其股票回报率下降。在汇率改革之后之所以发生反转是因为,投资者一方面看到了汇率升值给公司带来的现金流增加;另一方面发现公司在汇率风险管理上增加了强度(关于公司的汇率风险管理变化将在第三章实证中进行重点讨论),因此对公司的未来产生信心,给予了较高的估值,提高了股票的回报率。而对于现金流量来说,只要人民币处于升值状态,且这种升值能给大部分的公司带来现金流的增加,就会使得汇率波动对现金流的影响为正向,它不受到投资者估值的干扰。

第3章 汇率波动对非跨国公司股票回报率与现金流的影响

表 3-10　　　　汇率改革前后汇率波动对公司现金流的影响

控制变量	2006~2009年 $CCF_{i,t}$	显著性10%	占总样本比例	显著性5%	占总样本比例	2011~2014年 $CCF_{i,t}$	显著性10%	占总样本比例	显著性5%	占总样本比例
$XR_{i,t}$	5.921 (8.58***)	224 (+169, -55)	57%	185 (+142, -43)	47%	2.174 (1.96**)	208 (+162, -46)	53%	161 (+127, -34)	41%
LEV	-2.722 (-1.97**)					-9.011 (3.41***)				
PRMARGIN	4.256 (0.56)					5.083 (1.10)				
SIZE	2.083 (32.95***)					4.076 (38.11***)				
MKBK	6.536 (1.53)					6.593 (5.44***)				
FS	0.429 (1.29)					0.372 (1.31)				
Prob > F	0					0				
R-square	0.27					0.27				

注：本表报告了394家上市的非跨国公司的现金流量在2006~2009年及2011~2014年受美元波动影响的显著性，回归过程为：
$CCF_{i,t} = \beta_1 + \gamma_{i,t} XR_t + \beta_3 Lev_{i,t} + \beta_2 SIZE_{i,t} + \beta_4 Ind_{i,t} + \beta_5 PRMARGIN_{i,t} + \beta_7 FS_{i,t} + \varepsilon_{i,t}$
表中，与每个参数名称对齐的为变量对应各个模型下的参数估计值，下一行（）内表示的是参数估计的 t 检验值；*** 代表该参数值在1%置信水平下显著。** 代表该参数值在5%置信水平下显著。汇率变动率与显著性一栏列示了汇率风险显著的公司数量，下方括号中分别列示了显著为正的公司数量以及显著为负的公司数量。

我们可以看到，汇率改革之前汇率波动对公司现金流量的影响系数为5.92，远高于汇率改革之后的2.17。汇率改革之前，汇率波动对现金流量的影响 t 值高达8.58，而改革之后仅为1.96，说明汇率改革降低了汇率波动对公司现金流量的影响力度。从受影响的公司数目来看，改革之前受到影响的公司在0.05的显著性水平下有185家，其中正向影响142家，受负向影响的为43家。改革之后受到影响的公司为161家，其中受到正向影响的公司为127家，负向影响的公司为 34 家。当置信水平为 0.1 时，改革前受到影响的公司为 224 家，其中受到正向影响的为 169 家，受到负向影响的为 55 家，而改革之后受到影响的公司为 208 家，其中受到正向影响的为 162 家，负向的为 46 家。可见，在汇率改革之后，现金流量受到汇率波动的公司数量出现了明显的下降，也充分说明了汇率改革对公司有较大的帮助。

3.4.3 稳健性检验

值得注意的是，2008~2009 年爆发了全球性的金融危机，金融危机的出现会导致宏观经济环境发生变化，为了控制这一变化对回归结果的影响，我们需要找到一个代表宏观经济基本面的变量。本书采取的方法是用市场回报率这一指标来代表宏观经济基本面，使用这一指标的原因如下：第一，在传统资本资产定价模型中，市场回报率是公认的对市场基本面情况有较强代表力度的指标。第二，本书研究汇率波动对公司价值的影响，此处的"价值"是以股票回报率作为代表的公司的市场价值。金融危机爆发影响宏观经济基本面，体现在股票市场上就是股票市场的回报率。用市场回报率来控制金融危机对公司价值的影响也较为符合情理。

根据回归结果我们发现，市场回报率对公司价值的影响十分显著，但并不能完全解释公司价值。在加入了汇率波动率这一变量之后，整个模型的解释力度都得到了提高，并且汇率波动率对公司价值的影响也是显著的。这说明，在控制住金融危机这一宏观经济基本面因素之后，汇率波动率这一与汇率改革密切相关的变量仍然影响着公司价值，说明汇率改革对回归结果具有解释力度。

同时，为了使结论更为稳健，本书分别从股票回报率和现金流量两个维度入手检验汇率波动对公司的影响，两个维度均显示汇率波动对公司有显著影响，说明文章的结论是可靠的。

最后，由于本书使用的是面板数据，基于面板数据的特点，本书对模型进行了两种检验。第一，旨在检验模型的稳定性。本书使用 LLC 检验分别检验各变量在面板数据中是否存在不稳定性经过检验发现，所有变量 P 值都为 0，都拒绝了原假设，说明数据是稳定的。第二，本书用怀特检验对模型进行了异方差性检验，同样 P 值为 0，说明不存在异方差性。

以上检验说明本书的结论是稳健可靠的（见表 3-11）。

表 3-11　　　　　　　　　稳定性检验与怀特检验

变量	Unadjusted t	Adjusted t*	p-value
$R_{i,t}$	-64.682	-52.075	0
$CCF_{i,t}$	-35.043	-19.929	0
$R_{m,t}$	-58.455	-45.787	0
$XR_{i,t}$	-40.537	-38.999	0
LEV	-41.579	-34.173	0
SIZE	-30.320	-27.277	0
FS	-1.20E+04	-1.30E+04	0
MKBK	-1.60E+02	-1.70E+02	0
PRMARGIN	-43.537	-25.320	0
White test			0

3.5　本 章 小 结

本章以 2006~2014 年在我国上市的非跨国公司为研究对象，首先研究了汇率波动对非跨国公司的影响。该影响主要从两个方面入手，第一是股票回报率，第二是现金流。

在股票回报率方面我们发现，美元、欧元和港币的波动对公司股票回报率均有影响，且影响具有滞后性，在滞后三个月窗口期显著影响公司，影响方向为负。但这并不说明滞后一年期窗口期内，汇率波动对公司股票回报率的影响消失，我们发现滞后为一年时，受汇率波动影响的公司数量有 2~3 倍的上升，因此统计上表现出的不显著可能是正向影响和负向影响相互抵消造成的，而并不是经济意义上的影响消失。同时，我们与以美国非跨国公司为样本的研究进行对比发现，在我国一个汇率受到行政强烈干预的国家，汇率波动对公司股票

▶▶ 汇率波动、竞争机制与非跨国公司汇率风险

回报率的影响要远高于美国。

在现金流量方面，我们发现，无论是美元、欧元还是港币，无论是波动当月、滞后三个月还是滞后一年，汇率波动都显著影响了公司的现金流量。且汇率波动对公司现金流量的影响是正向的。之所以汇率波动对股票回报率的影响和对现金流的影响方向不同，主要是由于股票回报率受诸多因素的控制，不仅仅是公司本身的收入和价值，还受到投资者预期的影响。对于投资者来说，无论公司是否受益于人民币升值，只要人民币波动，对公司来说就是一种风险，只要存在风险就可能带来损失。因此投资者降低了对公司的估值，使得公司回报率变为负向。而现金流则不同，只要人民币波动给公司带来了现金流的增加，其影响就一定是正向的。尽管影响方向不同，但我们看到无论是现金流还是股票回报率，都是显著受到汇率波动影响的，这一点毋庸置疑。另外，我们看到汇率波动对我国公司现金流的影响主要是正向的，受到正向影响的公司占到了样本的大多数。这说明这一类公司的生产原料很多是需要进口材料加工而成的（如房地产公司，其建造房屋的钢材虽然是用人民币购买的，但是生产钢材需要的铁矿石是进口的），当人民币升值时，这些公司的成本降低，竞争能力增加，收入增加，现金流增加。为了验证这一猜想，我们对受正向影响的公司所处的行业进行了统计，发现大部分的公司都来自房地产开发与经营业、房地产建筑业、贵金属冶炼业、计算机软件开发与咨询业、水泥制造业、稀有稀土金属冶炼业等。

接着我们对汇改前和汇改后，汇率波动对我国公司的影响进行了对比，我们发现，首先在汇率波动对公司股票回报率的影响方面，无论汇改前还是汇改后，汇率波动都显著影响公司的股票回报率，但是系数发生了降低。这说明汇率改革后，非跨国公司的汇率风险得到了缓解。而在现金流方面，无论汇改前还是汇改后，汇率波动也都显著影响公司的现金流，且持续正向影响。同时汇改后影响的显著性出现明显的降低，说明汇率改革降低了汇率波动对公司现金流量的影响。

综上所述，本章的结论很好地支持了本书的假设。

第 4 章

汇率波动对非跨国公司的竞争传导机制

4.1 引　　言

与一般的认知不同，在全球经济一体化的大环境下，非跨国公司并没有因为较少的外汇交易而幸免于汇率风险的困扰。我们发现汇率波动不仅会影响非跨国公司的股票回报率，还会影响非跨国公司的现金流，且对现金流的影响更为显著。这个意料之外却是情理之中的结果引发了我们对非跨国公司汇率风险新的思考。我们知道，对于跨国公司、外贸公司这些外汇交易频繁且占主导位置的公司来说，其汇率风险主要来自于这些公司的海外交易收入，是一种直接的传递。而非跨国公司的海外交易收入很低甚至没有，那么汇率波动是如何传导到这些外汇交易较少甚至没有外汇交易的公司的呢？

自汇率可以自由波动开始，学者们就致力于汇率风险的研究，有不计其数的文献从各个角度讨论了汇率风险。学者们研究汇率风险的目的不仅仅是对汇率风险进行准确的评估和预测，更重要的是试图研究和探寻汇率风险的来源和作用机制。理论研究发现，汇率波动会通过竞争机制影响公司（夏皮罗，1975；卢尔曼，1990；阿莱亚尼斯和伊里格，2001；马斯顿，2001；德克尔，2005），

▶▶ 汇率波动、竞争机制与非跨国公司汇率风险

特别是当公司没有任何外汇交易，即公司是一个纯粹的"本土公司"时，竞争是最重要的、引导性的、决定性的汇率风险传递路径。霍德尔（Hodder，1982）；利维（Levi，1994）；马斯顿（2001）等在理论研究文献中都证明了这一点。

在实证研究方面，学者们发现显著受到汇率波动影响的公司数量并不如想象的多［若里翁，1990；阿米胡德（Amihud，1994），巴托夫和博德纳尔，1994；巴特拉姆和卡罗伊（Bartram and Karolyi，2006），多伊奇、格里芬和威廉姆森，2006］，而产生这一现象的原因正是由于在公司汇率风险的评估过程当中没有充分地考虑到行业竞争对公司的影响［威廉姆森，2001；博德纳尔、杜马斯和马斯顿（Bodnar, Dumas and Marston，2002）；德克尔（Dekle，2005）；巴特拉姆和卡罗伊，2006；多明戈斯和特沙尔（Dominguez and Tesar，2006）］。然而学者们虽然找到了产生这一现象的原因，并坚信汇率波动会改变竞争环境从而对公司造成影响，但是在实证上一直未能取得证据。这主要是由三点原因引起的，第一，现有的汇率风险研究都在使用美国、欧洲以及日本等发达国家的数据。这些国家的汇率波动历史较为长久，公司的国际化程度也更高，因此公司在面对汇率风险方面有充足的经验且同时具备较高的水平。这就使得学者们算出来的汇率风险敞口并不明显，在汇率风险敞口都不明显的环境下，学者们无法探寻汇率风险的来源，也更加无法了解竞争在公司汇率风险中是否发挥了作用，发挥了多大的作用。第二，我们在考虑公司汇率风险的时候没有考虑到行业竞争因素的影响，在计算敞口的时候就将这一点忽略了。第三，现有研究主要关注于发达国家，这些国家的汇率都是上下自由波动的，很少出现长时间单边波动的情况。在这样的环境下，汇率向上波动也许给公司带来好处，然而马上出现的向下波动就会将这种好处抵销。

2001年，威廉姆森（2001）首次从实证的角度证明了汇率波动会影响公司所处的竞争环境，从而影响公司的股票回报率和现金流。他以美国的汽车行业为例，观察当美元兑德国马克以及美元兑日元发生波动时，美国汽车的在美国的市场占有率和在德国、日本的市场占有率是否会发生变化，这种市场占有率的变化是否可以解释汽车行业所面对的汇率风险敞口。作者发现，当美元贬

值时，德国汽车和日本汽车的销量在美国会有大幅度的增加，美国汽车的市场占有量则会相对下跌，使得美国汽车公司在本国的销售额大受影响。同时，由于美元的贬值，美国汽车在海外市场的竞争力得到了提升，国际市场占有率上升，弥补了本土销售业绩的不足。威廉姆森虽然证明了竞争是公司汇率风险的重要来源，但是还有许多的不足。首先，行业太单一，仅仅证明了竞争传导机制存在于汽车行业。其次，美国汽车公司都是跨国公司，因此威廉姆森的结论也仅能证明竞争机制对跨国公司是有效的。最后，威廉姆森仅仅对数据进行了比照分析，并没有进行回归分析。

伯格布兰特、凯西亚和亨特（2014）的论文被称为第一篇真正意义上用回归分析来实证检验竞争是公司汇率风险重要来源的文章。他们为了克服"汇率风险净敞口"对结果的影响，使用了调查问卷数据来排除净敞口的干扰。他们以世界银行的调查问卷数据为基础，在问卷中要求管理者对"汇率波动对公司的日常经营的影响程度"以及"汇率波动对公司经营环境的影响程度"等问题进行评分，他们认为管理者的回答评估了公司采取汇率风险控制措施之前的汇率风险程度，因此排除了汇率风险控制对敞口的干扰。同时，调查问卷的方式使得样本中的行业不再局限于某一个行业，某一类公司。因为问卷覆盖范围较广，不但涵盖了多个行业，跨国公司非跨国公司，还涵盖了多个国家，因此得出的结论适用性更为广泛。他们虽然对汇率波动的竞争传导机制起到了开拓性的贡献，但也有许多不足。例如调查问卷数据虽然克服了"汇率风险净敞口"难以估计的缺陷，但是调查问卷数据本身存在一定的偏差，不同的管理者对风险的评价标准是不同的。当管理者的薪资与市场占有率挂钩时，只要汇率波动稍微改变了一些市场占有率管理者就会感受到巨大的压力。反之，当管理者的薪资是固定薪资时，其对公司市场占有率的变化就不会那么敏感，这种主观判断的偏差会对结果造成影响。

根据前人的研究我们总结出，理论上非跨国公司的汇率风险传导机制是竞争，同时在实证上想要证明这一机制需要以下条件：首先，需要能够排除"汇率风险净敞口的影响"。在这一点上，我国具有十分好的研究环境：我国的汇率改革刚开始不到10年，公司的汇率风险管理水平和汇率风险管理意识十分薄弱，使得用艾德勒和杜马斯（1984）模型计算出的汇率风险敞口十分接近

▶▶ 汇率波动、竞争机制与非跨国公司汇率风险

于公司的真实汇率风险敞口。其次，汇率波动对行业竞争环境的改变需要一段时间才能观察出来。如果汇率波动得较为频繁，且方向不一致，那么会出现抵消效应。在这一点上，我国的汇率改革又为研究提供了理想的环境。我国自汇率改革开始以来，人民币一直持续升值，特别是在2006年至2007年期间是一个完全升值的状态，这为我们观察汇率波动对行业竞争结果的改变提供了很好的窗口期。因此在本章，我们利用我国的独特客观数据，用实证方法和回归分析来证明汇率波动会改变非跨国公司的竞争环境从而影响公司，弥补前人研究的不足。

本书克服了前人研究行业数据的局限性使用客观数据证明了竞争能力对非跨国公司的汇率风险具有显著的解释力度，说明竞争是非跨国公司的汇率传递的重要机制。然后证明了不同规模的公司竞争的作用力度不同，规模大的公司其汇率风险受竞争能力影响更高，而规模小的公司其汇率风险受竞争能力的影响较小。最后，还发现并不是所有的行业都能适用于竞争传递路径，竞争能力对公司汇率风险的显著解释力度主要适用于本土商品和进口商品竞争充分的、商品之间替代性强的行业。

4.2 文献回顾与研究假设

4.2.1 汇率波动的传导方式

汇率波动主要通过两种途径传导到公司，一种是由布兰森（1983）提出的存量传导机制，即汇率波动会引起市场上整体货币供求的变化，这种货币供求的变化使得进入股票市场的资金发生改变，从而提高或降低整个股票市场的回报率水平。这种传导机制适用于所有公司，包括有外汇交易的公司和非跨国公司。但遗憾的是，我们没有办法准确知道购买公司股票的资金来源到底来自本国还是海外，因此不能准确观察到存量传导机制对个体公司的影响，只能观察到其对整个股票市场的影响。另一种传导机制为流量传导机制，由多恩布什

和费舍尔（1980）提出。这种传导机制是更为微观的传导机制，在这种机制下又分为两种传导模式。第一，汇率波动通过影响公司的现金流对公司造成影响，这种对现金流的影响主要是由公司的海外销售收入引起的。普拉萨德和拉詹（1995）发现，汇率波动虽然不会影响公司的股票回报率，但是会影响公司的现金流。这种汇率波动对现金流的影响对于跨国公司更为直接，会引发这类公司的折算风险，交易风险和经济风险。而对于非跨国公司来说，更适用于流量传导机制的另一种传导模式：汇率波动改变竞争环境，从而影响公司。这种传导方式认为，汇率波动会影响公司所处的竞争环境，特别是跨国公司与非跨国公司的竞争关系，从而改变公司的市场占有率水平，进而对公司产生影响。

关于汇率波动改变竞争环境而影响公司的研究主要集中在理论研究层面，并且在早期主要是以有外汇交易的跨国公司和进出口公司为研究对象。

夏皮罗（1975）提出海外销售和本土销售的分布情况，公司面对的海外和本土的竞争激烈程度以及产品的可替代性是引起跨国公司汇率风险的重要因素。夏皮罗针对这一观点用理论模型进行了分析论证，但并没有用实证方式进行检验。

德克尔（2005）认为，出口公司的利润以及股价都与本国汇率存在紧密的联系，即使利润和销售规模不改变，只要汇率波动，公司的业绩和股票价格就会受到严重的影响，这是典型的现金流传递机制产生的作用。在此基础上德克尔进一步深入，认为汇率波动不但改变着公司的利润和收入，还大大影响着的公司的成本以及产品的售价，这种影响会改变公司在海外市场的竞争力，改变海外市场的竞争结构。德克尔关注海外竞争对跨国公司汇率风险的影响，认为出口公司的汇率风险显著受到市场结构和竞争模式的影响。在海外市场上，出口商品和海外本土的商品很容易出现可相互替代的情况，因此当本国货币升值时，海外消费者对该商品的购买能力就下降了，公司为了保住海外市场的地位只能无奈地选择降价。若降价的代价太高，则公司只能坚持原价，造成在海外竞争中处于不利地位。德克尔以日本的出口公司为研究对象，分行业证明了，这样由汇率波动引起的海外市场竞争变化是出口公司产生汇率风险的重要原因。正是因为汇率波动会对跨国公司产生如此大的影响，这些公司才不断致

▶▶ 汇率波动、竞争机制与非跨国公司汇率风险

力于控制汇率波动带来的风险。例如，有的国家采取固定汇率制度来保护本国的跨国公司的收入不受汇率波动的影响。

后期，学者们将竞争的作用扩展到了非跨国公司，其中最为有代表性的文章是马斯顿（2001）。马斯顿提出竞争是导致非跨国公司也受到汇率波动影响的重要原因，为这类公司建立了独立的模型，专门研究了竞争机制在非跨国公司中起到的决定性作用。马斯顿认为，公司的汇率风险与其所处的竞争环境有很大的关系。当公司为纯外资公司时，若其产品可被很多本国同类产品替代，则哪怕其海外销售额为零也会受到汇率波动的影响。当出口公司为垄断公司时，其汇率风险仅仅来自于汇率波动对现金流量的影响。进一步的，当公司没有任何外汇交易时，由于其竞争对手和供应商可能对汇率波动敏感，因此这类非跨国公司也会受到汇率波动的影响。马斯顿认为，对于非跨国公司来说，竞争机制是主要的汇率风险传导路径，而与海外销售收入相关的现金流传导路径则对非跨国公司没有起到明显的作用。但马斯顿仅仅完善了模型的推导，没有进行实证检验。

伯格布兰特、凯西亚和亨特（2014）的研究是唯一以跨国公司和非跨国公司为研究对象，研究竞争传导机制的实证研究。他们提到，竞争无论是对有外汇交易的公司还是非跨国公司来说都起到了一定的作用，但是对于那些外汇交易量较小的公司来说，竞争起到的作用更大也更为主要。他们认为，前人之所以无法证明竞争的关键作用原因，第一，可能在于所计算的敞口是公司的净敞口，是公司进行了汇率风险管理之后的敞口。只有我们能找到公司没有进行汇率风险管理的敞口，才能找到竞争是否起到了作用。第二，前人在研究汇率风险时常常加入行业因素作为控制变量，而行业因素弱化了行业竞争对汇率波动的影响，因此前人对竞争产生的作用的重视也十分不足。因此，他们使用了世界银行的调查研究数据，排除了净敞口对结果的干扰，同时也用问卷数据来评估竞争程度，最终证明了竞争是汇率波动的传递机制。

综合以上文献我们不难发现，理论上认为汇率波动是可以通过竞争机制传导到公司的，然而实证研究中的证明却非常有限，并且主要的验证也是以跨国公司为研究对象，却没有对非跨国公司进行证明。据此，我们提出假设3：

假设 3a：竞争是非跨国公司汇率风险的传导路径。

假设 3b：相对于海外销售收入，竞争是非跨国公司更主要的汇率风险传递路径。

4.2.2 产品特征与竞争机制的作用

由于很难观测到竞争传递机制在所有行业的作用，学者们尝试从某些行业入手来对竞争传递机制进行研究。卢尔曼（1990）；阿莱亚尼斯和伊里格（2001）在实证研究中考虑了竞争对公司汇率风险的影响，研究影响公司汇率风险的主要因素，并对这些因素进行了检验。他们以美国的制造业为研究对象，研究这些公司 1979 年和 1995 年的汇率风险产生情况，发现在 18 个产业分组当中有 4 个组显著受到汇率波动的影响，并且这种影响是由于这些行业竞争程度、出口商品比重和进口商品比重造成的。但是他们并不是着重研究竞争机制，也没有将研究结论落实在个体公司上，而是以行业分组为研究对象，因此，虽然他们侧面证明了汇率波动可以通过竞争来传递，但是否传递到了公司层面仍然不明晰。威廉姆森（2000）是专门研究竞争传递机制的，他从最容易观察到的美国汽车行业入手，证明汇率波动会改变竞争环境从而影响公司。他不仅关注了国外竞争还关注了本土竞争。威廉姆森认为汇率波动会影响本国货币在本国购买进口产品的购买力，从而使得消费者对同类进口产品和本土产品的需求发生变化，最终造成这些公司的收入发生改变。即汇率波动改变了竞争结构，从而影响了公司。威廉姆森通过观察美元兑日元和美元兑德国马克发生波动时，是否影响了美国车、日本车和德国车在美国市场占有率的变化来证明竞争的传递机制。威廉姆森发现，这样的汇率波动改变了美国汽车市场的竞争结构，例如当美元兑日元升值时，日本汽车的销售量和市场占有率出现了明显的上升，美国汽车的销售则出现了下滑，收入下跌。威廉姆森还发现，汇率对竞争结构的影响是一个动态的过程，在不同的时间段，竞争结构是不同的。但是威廉姆森以整个美国汽车行业为对象，没有研究竞争对个体公司的影响。并且，仅仅是将汇率波动于美国汽车的市场占有率变动进行了简单的对应，没有进行细致的回归分析。

但是我们看到，竞争似乎并不能作用于所有的行业，或者说不同的行业竞争传递机制所发挥的作用大小是不相同的。从现有研究来看，制造业和美国的汽车行业都属于产品替代性较高的行业，那么是不是竞争传递机制只会发生在产品替代性高的行业呢？据此我们提出假设4：

假设4：竞争机制在产品替代性高的行业起到的作用更大。

4.3 研 究 设 计

4.3.1 样本选择与数据来源

本书的研究对象是我国上市公司，选取2006～2014年的沪市A股和深市A股上市公司数据。本书对数据进行了以下处理：①若公司从2006～2014年连续海外收入占总收入比低于10%，即视该公司为非跨国公司，以此为标准将其他公司剔除。②将样本中解释变量与被解释变量数据不连续或存在缺失值的公司剔除，最后剩余394家公司为本书样本。本书所使用的微观数据，如我国上市的非跨国公司及跨国公司的数据来自于CSMAR国泰安金融数据库，宏观数据，如汇率等数据取自于万德数据库，本书使用的统计工具为Stata14.0软件。

4.3.2 变量定义与数据说明

解释变量1：汇率变动率

$XR_{i,t}$：用来描述美元、欧元、港币及人民币名义和实际有效汇率指标的变动程度。其中美元、欧元和港币兑人民币的汇率采用的是间接标价法，以美元为例，即一单位美元可以兑换多少单位的人民币。该数值越大说明人民币越处于贬值状态，该数值越小，说明人民币越处于升值状态。与之对应的，计算出来的变动率为正则人民币贬值，计算出来的变动率为负责人民币升值。实际有

第4章 汇率波动对非跨国公司的竞争传导机制

效汇率指数根据国家与国家之间的相对价格水平调整后的汇率指标。实际有效汇率指数上升代表本国货币相对价值的上升，下降代表本国货币相对价值的下降。该指标的计算公式如下：

$$XR_{j,t} = \left(\frac{EX_{j,t}}{EX_{j,t-1}} - 1 \right) \times 100$$

其中，$EX_{j,t}$ 为汇率指标 i 在 t 期期末汇率值，$EX_{j,t-1}$ 为汇率指标 i 在 $t-1$ 期期末汇率值。

由图4-1和图4-2可以看到，自2006年汇率改革启动以来，人民币出现了绝对的升值，没有任何贬值现象，并且这种升值是十分剧烈的。从图4-1可以发现，升值幅度非常大，2006年1月美元兑人民币为8.06，而2007年12月为7.06，在短暂的两年内升值幅度达到12%，除开金融危机的特殊情况，这是十分罕见的。也是我国首次出现短时间大幅度的汇率升值情况。且这种升值具有加速升值的特点，从图4-2可以看到，相对于2007年，2006年的升值幅度是较为平缓的，到了2006年年底至2007年年底，升值幅度出现了加速的情况，幅度变得更大。2006年一整年，美元兑人民币由8.06升值为7.82，升值幅度达到3%，而2007年一整年，美元兑人民币由7.82升值为7.36，升值幅度达到6%，比2006年的升值幅度翻了整整一倍。

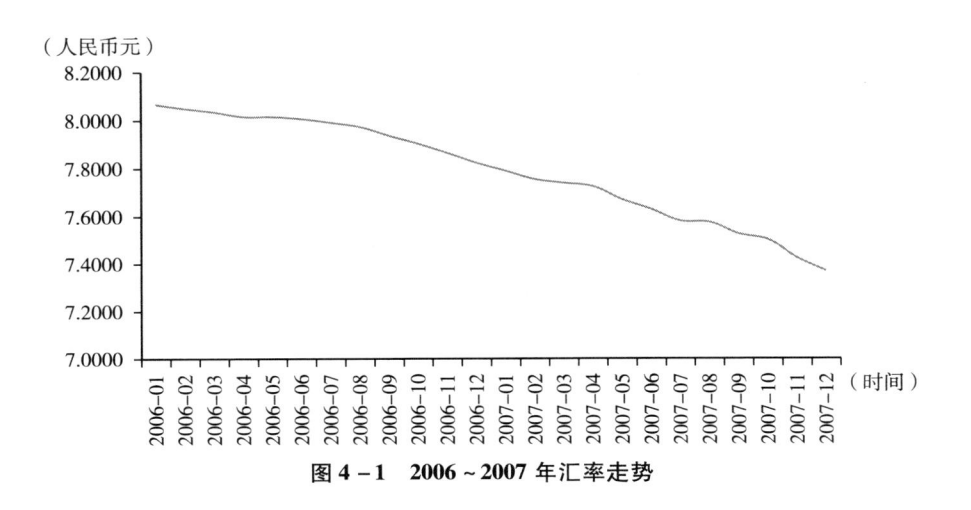

图4-1 2006~2007年汇率走势

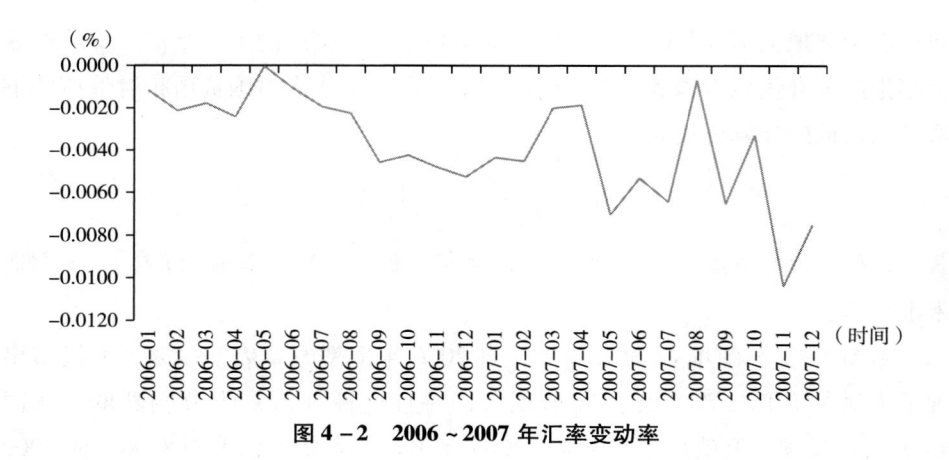

▶▶ 汇率波动、竞争机制与非跨国公司汇率风险

图 4-2 2006~2007 年汇率变动率

这种两年期的大幅度升值为我们研究汇率波动通过竞争机制传导提供了十分有利的条件,因为汇率波动通过改变竞争环境影响公司需要一个传导过程,不会像汇率波动对公司现金流折现影响那样直接,因此,拥有一个相对较长的单边波动时期作为窗口期是十分必要的。

解释变量 2:市场回报率

$R_{m,t}$:市场回报率是指股票市场中所有股票的平均回报率。由于本书同时涉及了沪市 A 股和深市 A 股的股票,因此市场回报率也是按照市场类型进行单独计算的。计算方法如下:

$$R_{m,t} = \frac{\sum_n w_{n,t} r_{n,t}}{\sum_n w_{n,t}}$$

其中,$R_{m,t}$ 为市场 m 在 t 期内所有股票的加权平均回报率;$r_{n,t}$ 为考虑现金红利的个股回报率。

被解释变量 1:公司的股票回报率变化

$R_{i,t}$:即公司的股票收益率变化。计算方法如下:

$$R_{i,t} = \frac{P_{i,t}}{P_{i,t-1}} - 1$$

其中,$P_{i,t}$ 为股票 i 在 t 期最后一个交易日的考虑现金红利再投资的日收盘价;

$P_{i,t-1}$ 为股票 i 在 $t-1$ 期最后一个交易日的考虑现金红利再投资的日收盘价。

被解释变量2：公司经营性现金流量变化

$CCF_{i,t}$：计算方法如下：

$$CCF_{i,t} = \frac{CF_{i,t}}{CF_{i,t-1}} - 1$$

其中，$CF_{i,t}$ 为公司 i 在 t 期的经营性现金流量；$CF_{i,t-1}$ 为公司 i 在 $t-1$ 期的现金流量。

以上解释变量与被解释变量是回归分析中需要重点关注的变量，其他关于公司特征的变量是用来控制其他因素对回归结果的影响的，一并在表4-1中列出。

表4-1　　　　　　　　　　变量说明表

变量名称	变量符号	变量定义
汇率变动率	$XR_{i,t}$	$XR_{i,t}$ 为某货币标价的人民币汇率变动率，其中 $EX_{i,t}$ 为 i 货币兑人民币汇率在 t 期期末的中间价。$XR_{i,t} = \left(\frac{EX_{i,t}}{EX_{i,t-1}} - 1\right) \times 100$
现金流量变化	$CCF_{i,t}$	公司经营性现金流量变化。其中，$CF_{i,t}$ 为公司 i 在 t 期的经营性现金流量；$CF_{i,t-1}$ 为公司 i 在 $t-1$ 期的现金流量。$CCF_{i,t} = \frac{CF_{i,t}}{CF_{i,t-1}} - 1$
股票回报率	$R_{i,t}$	$P_{i,t}$ 为公司 i 在 t 期最后一个交易日的考虑现金红利再投资的日收盘价，$P_{i,t-1}$ 为股票 i 在 $t-1$ 期最后一个交易日的考虑现金红利再投资的日收盘价价格。$R_{i,t} = \frac{P_{i,t}}{P_{i,t-1}} - 1$
市场回报率	$R_{m,t}$	$R_{m,t}$ 为市场 m 在 t 期内所有股票的加权平均回报率
竞争能力	$COMPETE_{i,t}$	$COMPETE_{i,t}$ 为公司的竞争能力衡量指标，其中 $sale_{i,t}$ 为 i 公司在 t 期的销售收入。$\sum sale_{i,t}$ 为 i 公司所处行业的行业销售总额。$COMPETE_{i,t} = \frac{sale_{i,t}}{\sum sale_{i,t}}$

续表

变量名称	变量符号	变量定义
资本结构	LEV	公司各种资本（负债、股权等）的价值构成及其比例，计算公式为：（当年）资产负债率＝（当年）负债总额/（当年）资产总额
公司规模	SIZE	计算公式为：（当年）公司规模＝ln（当年）销售收入
所处行业	IND	公司所处的行业类别。参照证监会行业分类表确定
海外销售额	FS	公司在每个年度的海外销售额的人民币计价额
盈利能力	PRMARGIN	计算公式为：（当年）销售盈利能力＝[（当年）营业收入－（当年）营业成本]/（当年）营业收入
成长性	MKBK	公司的成长潜力、投资机会和发展前景。计算公式为：（当年）市账比＝（当年）市场价值/（当年）账面价值

解释变量3：竞争能力

$COMPETE_{i,t}$：伯格布兰特、凯西亚和亨特（2014）使用管理者对竞争程度的描述来衡量竞争能力，威廉姆森（2000）则使用市场占有率来衡量竞争能力，他们的论文是目前研究竞争机制的实证类代表性文章，因此本书将遵照这两篇文章来衡量竞争能力。虽然我们没有调查问卷数据，无法完全使用伯格布兰特、凯西亚和亨特（2014）的方法，但是伯格布兰特、凯西亚和亨特（2014）在文中提到了，管理者在谈到竞争压力时常常同步提到销售额和市场占有率，可见市场占有率是重要的竞争压力来源。结合威廉姆森（2000）衡量美国公司的行业竞争能力的方法，本书使用公司销售额占行业总销售额的比例来衡量公司的竞争能力。计算方法如下：

$$COMPETE_{i,t} = \frac{sale_{i,t}}{\sum sale_{i,t}}$$

变量说明见表4－1。

4.3.3 模型选择

大部分研究采用双因素模型来对公司的汇率风险进行估计，双因素模型公式如下：

$$R_{i,t} = \alpha_1 + \alpha_2 R_{m,t} + \gamma_{i,t} XR_t + \varepsilon_{i,t} \tag{1}$$

其中，$\gamma_{i,t}$为i公司在t期的汇率风险敞口。双因素模型已为多个经济学者所使用，如巴托夫（1996）；巴托夫和博德纳尔（1994）；格里芬和斯图尔兹（2001）；博德纳尔和金特里（1993）等。

为了使本书结论更可靠，进一步检验非跨国公司是否存在汇率风险，参考阿加沃尔和哈珀（2010）；瓦茨（1992）；穆勒和维尔肖（2007）；周和陈（1998）等的研究模型，在双因素模型的基础上加入市账比和规模因素等控制变量，控制住公司特征对回归结果的影响，模型如下：

$$R_{i,t} = \beta_1 + \beta_2 RM_t + \gamma_{i,t} XR_t + \beta_3 Lev_{i,t} + \beta_4 SIZE_{i,t} + \beta_5 Ind_{i,t} + \beta_6 FS_{i,t} + \beta_7 MKBK_{i,t} + \beta_8 PRMARGIN_{i,t} + \varepsilon_{i,t} \tag{2}$$

布雷丁和海德（2010）等认为，汇率波动对公司的影响主要表现在对现金流量的影响上，因此本书也将汇率波动对现金流的影响考虑在内，使用的回归模型如下：

$$CCF_{i,t} = \beta_1 + \gamma_{i,t} XR_t + \beta_2 Lev_{i,t} + \beta_3 SIZE_{i,t} + \beta_4 Ind_{i,t} + \beta_5 PRMARGIN_{i,t} + \beta_7 FS_{i,t} + \varepsilon_{i,t} \tag{3}$$

本书参考伯格布兰特、凯西亚和亨特（2014）的模型，估计竞争能力对汇率敞口的解释力度，由于我们在计算敞口时已经控制了公司特征对结果的影响，因此在这个模型中不再对公司特征进行重复的控制，使用的模型如下：

$$\gamma_{i,t} = \beta_1 + \beta_2 Compete_{i,t} + \varepsilon_{i,t} \tag{4}$$

4.3.4 描述性统计

表4-2为本章非跨国公司的描述性统计。从经营性现金流来看，样本与样本之间差异较大，方差达到了6.43，最大值与最小值分别为-10.4和44.6，两者有明显差距，说明样本中的各公司表现不一。从资本结构来看，整体说来公司的资本结构都较为相近，方差为0.64，较小。大部分的样本的资本结构都接近于股权融资和债券融资为一比一的情况。从市账比来看，不同公司之间也存在较大差异，说明样本中既有高成长性的公司也有低成长性的公司。从规

模来看，样本中的公司规模都较为接近，在 21 左右，说明公司规模可能不会对结果造成较大影响。但是介于已有文献认为不同的公司规模会对公司竞争能力造成较大影响，我们在回归分析中将会按照公司规模进行分组比较。盈利能力来说，样本中的公司总体来说都实现了盈利，但是盈利水平并不高，均值仅为 0.06。最后是本章着重讨论的竞争能力，可以看到不同公司之间的竞争力水平差距较大，最小值为 0，说明部分公司在行业中的占有率非常有限，接近于 0，而最大值为 3.56，说明部分公司在行业中甚至处于垄断地位。

表 4-2　　　　　　　　　　样本特征的描述性统计

变量名称	均值	方差	最小值	最大值
CASH	14.500	6.430	-10.400	44.601
LEV	0.571	0.643	0.022	9.325
MKBK	4.973	13.849	-166.485	167.818
SIZE	21.146	1.105	18.167	25.337
PRMARGIN	0.068	1.691	-56.539	48.453
COMPETE	0.131	0.324	0.001	3.565

表 4-3 是本章非跨国公司汇率风险敞口情况汇总表。由于在本书第 3 章中我们发现对我国非跨国公司来说，美元波动是最主要也是最显著的影响公司的外币，因此本章计算的汇率风险敞口均为美元汇率风险敞口。我们看到，无论是看汇率波动对股票回报率的影响，还是看汇率波动对现金流的影响，正向敞口都多于负向敞口，但是汇率波动对股票回报率的影响较为均衡，负向敞口并未显著少于正向敞口。而汇率波动对现金流的月度影响则是正向敞口显著多于负向敞口。由于汇率波动对股票回报率和现金流的作用机制不同、影响因素不同，因此出现这样的结果并不惊讶，我们将逐一分析竞争对公司汇率风险敞口（无论是对股票回报率回归出的敞口还是对现金流回归出的汇率风险敞口）的影响力度。

表 4-3　　　　　　　　　　汇率风险敞口情况汇总

	敞口方向	月度数据敞口	季度数据敞口
对股票回报率的影响	正向敞口	3 020	2 832
	负向敞口	1 836	1 976
对现金流的影响	正向敞口	4 640	2 821
	负向敞口	216	1 978

注：本表报告了 394 家上市的非跨国公司的股票回报率和现金流量在 2006~2007 年受美元波动影响的风险敞口，回归过程分别为：

$R_{i,t} = \beta_1 + \beta_2 RM_t + \gamma_{i,t} XR_t + \beta_3 Lev_{i,t} + \beta_4 SIZE_{i,t} + \beta_5 Ind_{i,t} + \beta_6 FS_{i,t} + \beta_7 MKBK_{i,t} + \beta_8 PRMARGIN_{i,t} + \varepsilon_{i,t}$

$CCF_{i,t} = \beta_1 + \gamma_{i,t} XR_t + \beta_2 Lev_{i,t} + \beta_3 SIZE_{i,t} + \beta_4 Ind_{i,t} + \beta_5 PRMARGIN_{i,t} + \beta_7 FS_{i,t} + \varepsilon_{i,t}$

4.4　实证结果分析

4.4.1　竞争机制的传导作用

关于汇率波动通过改变公司的竞争环境而产生汇率风险影响公司的研究在理论上成型得较早，而在实证研究领域却一直比较缺乏。主要原因在于：第一，美国、欧洲等传统被研究对象有较长的汇率风险波动历史，这些国家的公司大部分有国际竞争的经验，其在汇率风险控制上都有较为完善的措施，因此这些公司的汇率风险敞口往往不显著，也就无从知道风险的来源。第二，汇率波动改变竞争环境需要一个过程，这些国家的汇率波动往往不会是长时间的单边波动而是在短时间内上下无序的波动。这种波动方式虽然也会改变竞争环境，但极易产生抵消效应，使得学者们无法对这一过程进行观测。近年来关于竞争传导机制实证研究的突破性进展来自伯格布兰特、凯西亚和亨特（2014），他们使用调查问卷的方式，巧妙地解决了目前研究竞争机制存在的难题。但是这种调查问卷的解决方式本身也存在问题，即调查问卷的结果存在一定的不客观性，这种数据的不客观性也会使得结果的可信度降低。

本书使用中国汇率改革后 2006~2007 年数据来研究竞争机制的汇率风险

传导作用。首先，我国 2006 年刚开始进行汇率改革，我国的公司还没有具备成熟的汇率风险管理能力，因此，这一期间所计算出的汇率敞口不会受到太多汇率风险管理的影响。其次，2006~2007 年是人民币绝对升值期间，以这个期间作为窗口期能够容易地观察到竞争机制的作用。最后，以上这些数据都是客观的市场数据，比调查问卷数据更具有说服力。

表 4-4 分别使用股票回报模型和现金流模型研究了竞争对公司汇率风险敞口的解释力度，为了证明竞争的传导是否需要一个较长的过程，我们还分别用月度数据和季度数据进行了回归分析。

表 4-4　　　　　　　　竞争对汇率风险的解释力度

	股票回报模型		现金流模型	
	月度数据	季度数据	月度数据	季度数据
LEV	0.002 (0.66)	0.002 (-0.69)	-2.290 (-1.68*)	-2.920 (-1.65*)
MKBK	0.000 (1.66*)	0.001 (3.23***)	9.550 (1.57)	7.732 (1.15)
SIZE	0.004 (2.12**)	-0.019 (-2.59***)	1.040 (13.84***)	1.050 (12.30***)
PRMARGIN	0.002 (0.67)	0.018 (1.91*)	7.093 (0.63)	3.640 (0.33)
COMPETE	-0.000 (-3.49***)	-0.518 (-1.86*)	-4.050 (-18.62***)	-5.430 (-32.87***)

注：本表报告了 394 家上市的非跨国公司的股票回报率和现金流量在 2006~2007 年受美元波动影响的系数和显著程度，并同时报告了资本结构、市账比、规模和盈利能力对结果的控制程度。回归过程为：

$R_{i,t} = \beta_1 + \beta_2 RM_t + \gamma_{i,t} XR_t + \beta_3 Lev_{i,t} + \beta_4 SIZE_{i,t} + \beta_5 Ind_{i,t} + \beta_6 FS_{i,t} + \beta_7 MKBK_{i,t} + \beta_8 PRMARGIN_{i,t} + \varepsilon_{i,t}$

$CCF_{i,t} = \beta_1 + \gamma_{i,t} XR_t + \beta_2 Lev_{i,t} + \beta_3 SIZE_{i,t} + \beta_4 Ind_{i,t} + \beta_5 PRMARGIN_{i,t} + \beta_5 FS_{i,t} + \varepsilon_{i,t}$

然后，将回归出的汇率风险敞口系数提出，用竞争能力对进行解释，并报告了结果，回归过程为：$\gamma_{i,t} = \beta_1 + \beta_2 Compsts_{i,t} + \varepsilon_{i,t}$

表中，与每个参数名称对齐的为变量对应各个模型下的参数估计值，下一行（）内表示的是参数估计的 t 检验值；*** 代表该参数值在 1% 置信水平下显著。** 代表该参数值在 5% 置信水平下显著。

第4章 汇率波动对非跨国公司的竞争传导机制

首先我们使用股票回报率作为被解释变量,以美元的波动率代表汇率波动情况,用月度数据计算了公司的汇率风险敞口。在这个模型中,我们加入了资本结构、市账比、规模和盈利能力来共同解释公司的股票回报率,使得计算的汇率风险敞口更为准确。我们看到,在月度数据下,资本结构、市账比和盈利能力的解释力度较小,仅有规模是显著的。但是其系数也并不高,仅为0.0046,说明公司的规模越大,股票回报率越高。在用模型计算出汇率风险敞口之后,我们用竞争能力对汇率风险敞口进行回归,发现竞争能力对股票回报模型回归出的汇率风险敞口具有显著的解释力度,在1%的显著水平下显著影响公司的汇率风险,且影响方向为负向,即公司的竞争能力越低,汇率风险越大,或者说汇率波动使得公司的市场占有率降低。这是由于,2006~2007年,人民币处于升值的状态,这种状态会使得进口商品的竞争力提升而本土商品的竞争力下降。非跨国公司几乎所有的产品都是在本土市场销售的,因此人民币的升值使得它们在本土市场的地位受到了威胁,竞争能力降低,最终对公司造成影响。我们继续将季度数据套用至股票回报模型中对竞争的解释力度进行研究。我们发现,当数据为季度数据时,竞争并没有表现出更高的解释能力,反而出现了降低,t值由原来的-3.49降低到后来的-1.86。这说明,竞争的作用机制很容易被股票市场所遗忘,从月度到季度,解释力度出现了下降,但是其系数在上升,由-0.0002117上升至-0.51868。

然后我们使用现金流作为被解释变量,同样以美元的波动率代表汇率波动的情况,先用月度数据计算公司的汇率风险敞口。同样为使汇率风险敞口计算得更为准确,我们在模型中加入了资本结构、市账比、规模和盈利能力作为控制变量,使计算出的汇率风险敞口更为准确。我们发现,规模仍然对现金流具有很高的解释能力,公司规模越大现金流量越稳定,这是因为,大规模的公司往往发展的较为成熟,因此收入变动也不会太高。月度回归结果表示,竞争能力对现金流模型计算出的汇率风险敞口有非常高的解释力度,t值高达-18.62,系数高达-4.0。这说明,公司竞争能力越强,汇率风险越低,或者说汇率风险升高是公司的竞争能力下降导致的。当使用季度数据对模型进行回归时我们看到竞争能力的解释力度得到了进一步的提升,无论是系数和t值均有明显的上升。t值从-18.62提高到-32.87,系数从-4.05提高到-5.43。这说明随

▶▶ 汇率波动、竞争机制与非跨国公司汇率风险

着时间的变化，从月度到季度，竞争的解释能力和解释力度都在不断提高，这符合我们对竞争传递需要一段时间的猜想。

比较股票回报模型和现金流模型，我们发现，首先，当使用现金流模型时竞争的解释力度更高。这可能与竞争机制的传导方式有关。竞争机制是流量模型下的一种传导方式，主要的作用机理是汇率波动改变公司的所处的竞争环境从而改变公司的销售收入，进而给公司带来汇率风险。由此看来，竞争机制对现金流模型下的汇率风险敞口应该有更高的解释力度，实证的结果也证实了这一点。其次，我们发现现金流模型下，竞争机制表现出需要一定时间作用的特点，而在股票回报模型下则没有表现这样的特点。这说明，股票市场对竞争的敏感程度较低，使得其作用消失得较快。而现金流模型不像股票回报率那样受到诸多因素例如：投资者心态的影响，因此能表现出竞争机制最原本的特性。但无论从哪个角度，使用哪一种模型，竞争对公司的汇率风险都有显著解释作用，即竞争是非跨国公司汇率风险的传导路径之一。

阿尔萨耶和克里希纳穆提（Alssayah and Krishnamurti，2013）梳理了汇率风险、竞争机制与本土公司价值的相关理论，其中提到公司规模会影响竞争机制的传导。当公司规模较小的时候，市场占有率本来就比较低，虽然汇率波动仍然会改变这些公司的竞争环境，但作用并不会太明显。反之，当公司规模比较大的时候，市场占有率也会相对较高，可能同时有多条产品线受到冲击，因此竞争传递机制会对这些公司产生较大的影响。

在实证检验中，目前还未对该理论进行验证。因此在这一部分，本书将样本按照公司规模进行了划分。我们按照公司规模把样本分为三组，小规模公司，中型公司和大型公司，并将小规模公司和大型公司放在一起比较竞争机制对这些公司汇率风险敞口的解释力度。

表4-5的上半部分报告了小规模公司竞争机制对公司汇率风险的解释状况，下半部分报告了大规模公司竞争机制对公司汇率风险的解释状况。表4-5中，我们仍然分别使用股票回报模型和现金流模型进行回归，并同时使用月度数据与季度数据进行检验。从表4-5可以看到，当采用股票回报模型并套用月度数据研究竞争对小规模公司的汇率风险解释力度时，结果是不显著的，t值仅为0.79且系数也很低，为0.001，当套用季度数据时，竞争机制对

汇率风险的呈现出显著性，t 值为 -6.59，系数为 -2.01。在改为使用现金流模型时，无论月度数据还是季度数据均表现出了较高的显著性水平，系数分别为 -6.59 和 -2.3，t 值分比为 -2.01 和 -4.22。这一结果与表 4-4 具有相似之处，即竞争对汇率风险敞口的解释力度在使用现金流模型时表现得更为显著，而在使用股票回报模型时则表现的不如现金流模型那样明显。

表 4-5　　　　　　　　　公司规模对竞争解释力度的影响

变量	股票回报模型		现金流模型	
	月度数据	季度数据	月度数据	季度数据
小规模公司				
LEV	0.003 (0.41)	-0.021 (-0.57)	-3.350 (-4.21***)	-3.911 (-3.41***)
MKBK	-0.000 (-0.11)	0.001 (-0.77)	-1.140 (-0.26)	-2.480 (-0.47)
SIZE	-0.020 (-0.76)	-0.145 (-1.25)	2.150 (7.43***)	1.780 (5.03***)
PRMARGIN	0.001 (0.14)	0.015 (0.71)	3.980 (-0.06)	6.177 (-0.10)
COMPETE	0.001 (0.79)	-2.010 (-6.59***)	-6.590 (-2.01**)	-2.300 (-4.22***)
大规模公司				
变量	月度数据	季度数据	月度数据	季度数据
LEV	-0.003 (-0.15)	-0.064 (-1.29)	-9.860 (-6.68***)	-9.760 (-5.65***)
MKBK	0.004 (4.64***)	0.010 (4.80***)	3.650 (5.35***)	2.770 (3.57***)
SIZE	0.006 (1.34)	-0.003 (-0.27)	-2.180 (-0.61)	-8.590 (-0.20)

续表

<table>
<tr><th rowspan="3">变量</th><th colspan="4">大规模公司</th></tr>
<tr><th colspan="2">股票回报模型</th><th colspan="2">现金流模型</th></tr>
<tr><th>月度数据</th><th>季度数据</th><th>月度数据</th><th>季度数据</th></tr>
<tr><td>PRMARGIN</td><td>-0.015
(-0.80)</td><td>-0.004
(-0.10)</td><td>-2.630
(-1.80*)</td><td>-2.527
(-1.54)</td></tr>
<tr><td>COMPETE</td><td>-0.001
(-4.14***)</td><td>-4.630
(-11.48***)</td><td>-4.630
(-11.48***)</td><td>-5.849
(-19.07***)</td></tr>
</table>

注：本表将394家上市的非跨国公司按照规模分为了小型公司、中型公司和大型公司。并分别对小型公司和大型公司进行回归分析，并报告了这些公司的股票回报率和现金流量在2006~2007年受美元波动影响的系数和显著程度，并同时报告了资本结构、市账比、规模和盈利能力对结果的控制程度。回归过程为：

$$R_{i,t} = \beta_1 + \beta_2 RM_t + \gamma_{i,t} XR_t + \beta_3 Lev_{i,t} + \beta_4 SIZE_{i,t} + \beta_5 Ind_{i,t} + \beta_6 FS_{i,t} + \beta_7 MKBK_{i,t} + \beta_8 PRMARGIN_{i,t} + \varepsilon_{i,t}$$

$$CCF_{i,t} = \beta_1 + \gamma_{i,t} XR_t + \beta_2 Lev_{i,t} + \beta_3 SIZE_{i,t} + \beta_4 Ind_{i,t} + \beta_5 PRMARGIN_{i,t} + \beta_7 FS_{i,t} + \varepsilon_{i,t}$$

然后，将回归出的汇率风险敞口系数提出，用竞争能力对进行解释，并报告了结果，回归过程为：

$$\gamma_{i,t} = \beta_1 + \beta_2 Compsts_{i,t} + \varepsilon_{i,t}$$

表中，与每个参数名称对齐的为变量对应各个模型下的参数估计值，下一行（）内表示的是参数估计的t检验值；*** 代表该参数值在1%置信水平下显著。** 代表该参数值在5%置信水平下显著。

再来看大规模公司的回归结果。从表4-5的下半部分可以看到，当使用股票回报模型套用月度数据时，竞争的系数为-0.001，系数较低，但t值为-4.14，说明即使系数较低，但是竞争对大规模公司的汇率风险敞口仍有一定的解释力度。在股票回报模型下套用季度数据时，解释力度有所提高，系数为-2.01，t值为-6.59。再使用现金流模型对大型公司汇率风险敞口进行评估，当套用月度数据时，系数为-4.63，t值为-11.48，当套用季度数据时，系数为-5.84，t值为-19.07。通过与小规模公司的回归结果进行对比发现，实证结果与理论模型是一致的。大规模的公司由于市场占有率较高，汇率波动时受到的波及面积更广，因此竞争对这些公司的汇率风险敞口解释力度更高。而对于小规模公司来说，公司的市场占有率十分有限，汇率波动时受到的影响面较窄，因此相对于大规模公司来说，竞争能力对小公司的汇率风险敞口的解释力度较小，但仍然具备解释力度。

理论上认为，对于跨国公司来说，汇率波动主要通过产生折算风险、交易

第4章 汇率波动对非跨国公司的竞争传导机制

风险和经济风险来影响公司。简单地说，这些有外汇交易的公司主要的汇率风险来源是外汇计价的交易，即海外销售收入。而对于非跨国公司来说，汇率波动对公司影响的传导机制是间接的，竞争机制是非跨国公司最主要的汇率风险传导机制。汇率波动通过改变公司的竞争环境来影响公司的收入，从而产生汇率风险。本章通过比较跨国公司和非跨国公司的汇率风险传递路径，对这一观点进行论证。

首先，选择跨国公司进行汇率风险评估。在这一部分，由于非跨国公司是2006～2014年期间外汇交易连续少于10%的公司，因此，本书选择2006～2014年期间外汇交易连续大于30%的公司为比较对象，并用这些公司2006～2007年的数据进行汇率风险回归分析，将结果与非跨国公司进行对比。

表4-6报告了这些跨国公司的汇率风险敞口。与非跨国公司同样，本书分别使用股票回报模型和现金流量模型对这些公司的汇率风险敞口进行评估，并在回归模型中加入资本结构、盈利能力、公司规模、市账比和海外销售占比为控制变量，使得敞口的结果更为准确。

表4-6　　　　跨国公司的汇率风险敞口

股票回报模型						
变量	月度数据	显著样本数量	显著样本比例	季度数据	显著样本数量	显著样本比例
$XR_{i,t}$	9.981 (2.43**)	4 (+2，-2)	7%	1.504 (2.94***)	10 (+6，-4)	18%
$R_{m,t}$	1.023 (44.63***)			0.991 (40.92***)		
SIZE	0.004 (0.45)			0.005 (0.26)		
PRMARGIN	0.011 (1.66*)			0.028 (1.80*)		
SIZE	-0.0001 (-0.35)			0.007 (1.51)		

续表

股票回报模型

变量	月度数据	显著样本数量	显著样本比例	季度数据	显著样本数量	显著样本比例
MKBK	0.004 (5.79***)			0.017 (10.52***)		
FS	-0.2.851 (-6.30***)			-0.1.889 (-3.52***)		
Prob > F	0			0		
R – square	0.28			0.37		

现金流模型

变量	月度数据	显著样本数量	显著样本比例	季度数据	显著样本数量	显著样本比例
$XR_{i,t}$	1.273 (4.35***)	48 (+19, -29)	39%	5.377 (3.31***)	56 (+44, -12)	46%
SIZE	-3.868 (-7.12***)			-3.139 (-5.52***)		
PRMARGIN	-5.453 (-1.08)			-9.030 (-1.52)		
SIZE	6.172 (4.07***)			1.001 (6.99***)		
MKBK	-2.078 (-3.68***)			-0.1.054 (-1.88*)		
FS	-0.069 (17.18***)			0.054 (13.10***)		
Prob > F	0			0		
R – square	0.3			0.31		

注：本表报告了月度数据54家公司和季度数据122家公司股票回报率和现金流量在2006~2007年受美元波动影响的系数和显著程度，并同时报告了资本结构、市账比、规模和盈利能力对结果的控制程度，回归过程为：

$$R_{i,t} = \beta_1 + \beta_2 RM_t + \gamma_{i,t} XR_t + \beta_3 Lev_{i,t} + \beta_4 SIZE_{i,t} + \beta_5 Ind_{i,t} + \beta_6 FS_{i,t} + \beta_7 MKBK_{i,t} + \beta_8 PRMARGIN_{i,t} + \varepsilon_{i,t}$$

$$CCF_{i,t} = \beta_1 + \gamma_{i,t} XR_t + \beta_2 Lev_{i,t} + \beta_3 SIZE_{i,t} + \beta_4 Ind_{i,t} + \beta_5 PRMARGIN_{i,t} + \beta_7 FS_{i,t} + \varepsilon_{i,t}$$

表中，与每个参数名称对齐的为变量对应各个模型下的参数估计值，下一行（）内表示的是参数估计的t检验值；*** 代表该参数值在1%置信水平下显著。** 代表该参数值在5%置信水平下显著。

第4章　汇率波动对非跨国公司的竞争传导机制

表4-6的上半部分是股票回报模型的回归结果。从表4-6中可以看到，汇率波动对公司的股票回报率有较强的解释力度，汇率波动对公司股票回报率产生显著影响。当使用月度数据进行回归时，其影响系数为9.98，t值为2.43。在整体的54个样本中[①]，显著受汇率波动影响的公司有4家，占总体样本的7%，其中受正向影响的为2家，负向影响的为2家。当使用季度数据进行回归时，汇率变动的系数变为1.50，t值为2.94，说明解释力度得到了提升。并且样本中显著受到汇率波动影响的公司上升至10家，占总体样本的18%，其中受到正向影响的公司为6家，负向影响的公司为4家。可以看到，与非跨国公司的状况类似，汇率波动对跨国公司的影响也会持续较长时间，并且呈现递增态势。季度数据受汇率波动显著影响的公司比月度数据中受汇率波动显著影响的公司增加了2.5倍。但同时可以看到，跨国公司比非跨国公司更早更强的表现出汇率波动对公司股票回报率的显著作用，说明了跨国公司汇率风险传导得更快速。

表4-6的下半部分是现金流模型的回归结果。从表4-6中可以看到，使用现金流模型估算出来的汇率风险比使用股票回报模型估算出的汇率风险更大更显著，这与非跨国公司也是类似的，无论是哪一种类型的公司，现金流对汇率波动的敏感程度都比股票回报率更高。当使用月度数据进行回归分析时，汇率波动的敏感系数为1.27，t值为4.35。在全部122[②]家公司中，显著受到汇率波动影响的公司有48家，占到总体样本的39%，其中受到正向影响的公司为19家，负向影响的公司为29家。当使用季度数据进行分析时，汇率波动的敏感系数为5.37，t值为3.31，系数较月度数据有显著提高。其中显著受到汇率波动影响的公司有56家，占到样本总量的46%，其中受到正向影响的公司有44家，负向影响的公司有12家。可以看到，在现金流模型下，公司的汇率风险更为显著，无论从影响系数，t值和受影响的公司数量都能够观察到这一

[①] 按照文中方法共筛选出154家跨国公司，但是由于公司月度股票回报率数据的不完整性和不连续性，在剔除掉不完整和不连续的数据后，剩下的公司数量为54家。由于使用月度面板数据进行回归分析，因此54家公司的样本数量是足够的，不会因为样本较少而降低结果的可信度。

[②] 按照文中方法共筛选出154家跨国公司，但是由于公司季度股票回报率数据的不完整性和不连续性，在剔除掉不完整和不连续的数据后，剩下的公司数量为122家。由于使用季度面板数据进行回归分析，因此122家公司的样本数量是足够的，不会因为样本较少而降低结果的可信度。

点。并且，季度数据下公司的汇率风险更显著，进一步说明了汇率风险对公司的影响是逐步增加的，且具备一定的持久性。

在计算了跨国公司的汇率风险之后，我们进一步计算竞争能力对这些公司汇率风险敞口的解释力度，并与非跨国公司进行比较。表4-7报告了比较的结果。

表4-7　　　　　　　跨国公司与非跨国公司竞争机制比较

变量	非跨国公司				跨国公司			
	股票回报模型		现金流量模型		股票回报模型		现金流量模型	
	月度数据	季度数据	月度数据	季度数据	月度数据	季度数据	月度数据	季度数据
$XR_{i,t}$	0.002 (-1.64)	-7.610 (-4.31***)	1.433 (2.73***)	1.372 (0.72)	-9.981 (-2.43**)	1.501 (2.94***)	1.273 (4.35***)	5.373 (3.31***)
$R_{m,t}$	1.023 (46.05***)	1.145 (36.52***)			1.022 (44.36***)	0.997 (40.92***)		
LEV	0.002 (0.66)	0.002 (-0.69)	-2.290 (-1.68*)	-2.921 (-1.65*)	0.004 (0.45)	0.005 (0.26)	-3.861 (-7.12***)	-3.136 (-5.52***)
MKBK	0.002 (1.66*)	0.001 (3.23***)	9.558 (1.57)	7.738 (1.15)	0.004 (5.79***)	0.017 (10.52***)	-2.077 (-3.68***)	-0.1.052 (-1.88*)
SIZE	0.004 (2.12**)	-0.019 (-2.59***)	1.043 (13.84***)	1.059 (12.30***)	-0.008 (-0.35)	0.007 (1.51)	6.179 (4.07***)	1.000 (6.99***)
PRMARGIN	0.002 (0.67)	0.018 (1.91*)	7.093 (0.63)	3.644 (0.33)	0.011 (1.66*)	0.028 (1.80*)	-5.453 (-1.08)	-9.032 (-1.52)
FS	0.003 (1.32)	0.004 (1.26)	0.001 (1.58)	0.001 (1.21)	-0.285 (-6.30***)	-0.188 (-3.52***)	-0.061 (17.18***)	0.058 (13.10***)
COMPETE	-0.002 (-3.49***)	-51.415 (-1.86*)	-4.053 (-18.62***)	-5.433 (-32.87***)	0.001 (1.39)	8.362 (1.51)	6.326 (2.53**)	5.269 (3.00***)

注：本表将394家上市的非跨国公司和122家上市的跨国公司的股票回报率和现金流量在2006～2007年受美元波动影响的系数和显著程度，并同时报告了资本结构、市账比、规模和盈利能力对结果的控制程度，回归过程为：

$R_{i,t} = \beta_1 + \beta_2 RM_t + \gamma_{i,t} XR_t + \beta_3 Lev_{i,t} + \beta_4 SIZE_{i,t} + \beta_5 Ind_{i,t} + \beta_6 FS_{i,t} + \beta_7 MKBK_{i,t} + \beta_8 PRMARGIN_{i,t} + \varepsilon_{i,t}$

$CCF_{i,t} = \beta_1 + \gamma_{i,t} XR_t + \beta_2 Lev_{i,t} + \beta_3 SIZE_{i,t} + \beta_4 Ind_{i,t} + \beta_5 PRMARGIN_{i,t} + \beta_7 FS_{i,t} + \varepsilon_{i,t}$

然后，将回归出的汇率风险敞口系数提出，用竞争能力对进行解释，并报告了结果，回归过程为：

$\gamma_{i,t} = \beta_1 + \beta_2 Compsts_{i,t} + \varepsilon_{i,t}$

表中，与每个参数名称对齐的为变量对应各个模型下的参数估计值，下一行（）内表示的是参数估计的 t 检验值；*** 代表该参数值在1%置信水平下显著。** 代表该参数值在5%置信水平下显著。

第4章 汇率波动对非跨国公司的竞争传导机制

对于非跨国公司来说，当使用股票回归模型，月度数据显示竞争能力对公司汇率风险敞口的敏感系数为 0.002，t 值为 -3.49，虽然表示竞争能力对公司汇率风险有很强的解释力度，但敏感系数并不高。当以季度数据分析时，敏感系数提高到 -51.41，t 值为 -1.86。当使用现金流模型进行分析时，月度数据显示竞争能力对公司汇率风险敏感系数为 4.05，t 值为 -18.62，而季度数据表示竞争能力对公司汇率风险敞口的敏感系数为 -5.43，t 值为 -32.87。前文分析过，这些数据表明，竞争对现金流模型回归出的汇率风险敞口具有更高的解释力度，且解释力度随着时间的推移而逐步增强。同时，这种负向的相关性说明，公司的竞争能力越低，汇率风险越大，或者说汇率波动使得公司的市场占有率降低。

再来看跨国公司，当使用股票回报模型套用月度数据时竞争能力对汇率风险的敏感系数为 0.001，t 值为 1.39，当套用季度数据时，敏感系数为 8.36，t 值为 1.51，说明无论是月度数据还是季度数据，均未发现竞争能力对公司的汇率风险敞口具有解释力度。当使用现金流模型进行分析套用月度数据时，竞争能力对公司汇率风险敞口的敏感系数为 6.32，t 值为 2.53，而套用季度数据进行分析时，敏感系数为 5.26，t 值为 3.00，说明当使用现金流模型时，竞争能力对公司汇率风险敞口都有显著的解释能力。这种正向的关系说明，公司竞争能力越强，汇率风险越高，或者说汇率波动使得公司的市场占有率上升。

对比跨国公司与非跨国公司我们发现如下几个不同之处：首先，跨国公司的竞争能力与汇率风险敞口正相关，而非跨国公司呈现负相关关系。原因可能在于，大部分跨国公司是本次人民币升值的受益者，人民币的升值降低了他们销往本土市场的进口产品的成本，使得这些公司收入提高，汇率风险降低[①]。其次，无论是从 t 值还是影响系数来看，竞争能力对非跨国公司的作用都远远要高于跨国公司，这侧面证明了理论结论的有效性。理论认为，竞争机制是非跨国公司汇率风险传播的主要机制。由于数据的缺乏，本书无法知道存量模型的传递作用在非跨国公司上有多大，因此无法断言竞争机制是非跨国公司汇率

---

① 由于本书计算的竞争能力是以国内销售收入计算的，排除了海外销售收入。因此人民币升值对部分出口公司造成的收入降低竞争力降低在本书的回归结果中得不到充分的体现。

风险的主要传导机制，但是，我们可以明确地看到，相对于跨国公司来说，竞争机制对非跨国公司起到了更大的作用。最后，正如理论预测的那样，对于跨国公司，海外销售占比对公司的汇率风险敞口起到了更高的解释作用。当使用股票回报模型套用月度数据时，海外销售占比的敏感系数为 －2.85，t 值为 －6.3，套用季度数据时，敏感系数为 －1.88，t 值为 －3.52。当使用现金流模型套用月度数据时，海外销售收入的敏感系数为 －0.06，t 值为 17.18，套用季度数据时，敏感系数为 0.05，t 值为 13.1。无论是 t 值还是系数都远远高于了竞争能力对跨国公司汇率风险的解释力度。而非跨国公司的汇率风险敞口则对公司的海外销售收入完全不敏感。

4.4.2 竞争机制对行业的影响

关于竞争机制的作用，虽然理论上一致给予了肯定，但是在实证研究中却迟迟没有论证。为了克服实证检验的难度，学者们常常从某一个明显的行业入手。例如，威廉姆森（2001）以美国汽车行业为研究对象，发现美国公司生产的汽车的销售量和美元的升值贬值有密切的联系。竞争传导机制的逻辑是汇率的波动会引起市场上相互竞争的本土产品和进口产品的竞争状况发生变化，从而对公司产生影响。那么到底多大程度的汇率波动会引起这种竞争状况的变化呢？理论模型并没有予以解答。但是，不同类型的商品，不同的行业，甚至不同的国家，引起这种变化的汇率风险程度一定是不同的。比如在我国，进口汽车的关税高达 40%，是造成进口汽车和国产汽车差价的主要原因。一台国产奥迪 Q5 汽车约在人民币 35 万元，而一台奥迪 Q5 进口汽车的售价却高达 65 万元。可以说，两台车在配置上并没有太大的差别，完全可以形成竞争，但是由于差价太大，汇率需要剧烈的升值或者贬值才能使两台车的价格相近，才能使消费者从国产车转向进口车。这种程度的汇率变化往往是"黑天鹅"事件，发生的概率很小。或者说在我国的这个行业，汇率波动想要改变竞争状况是很难的。另一个例子是我们常常购买的饼干。进口饼干和国产饼干的差价大约在 10～20 元，汇率只要稍微波动，使差价减少一半就很有可能吸引消费者尝试进口产品。因此，在食品行业，汇率波动改变竞争结构的概率大大提

第4章 汇率波动对非跨国公司的竞争传导机制

高了。

为了验证这一猜想,本书求得了不同行业的汇率风险敞口,然后计算竞争对这些行业汇率风险敞口的解释力度,观察竞争机制是否在不同的行业产生不同的效果,竞争机制是不是适合所有的行业,竞争机制适合的行业有哪些特点。

本书的行业分类数据为国泰安金融数据库中直接下载,其分类方式是《证监会行业分类指引》。该指引将行业分为农林牧渔业、采矿业、制造业、电力热力燃气及水生产和供应业、建筑业、批发零售业、交通运输仓储和邮政业、住宿和餐饮业、信息传输软件和信息技术服务业、金融业、房地产业、租赁和商务服务业、科学研究和技术服务业、水利环境和公共设施管理业、居民服务修理和其他服务业、教育业、卫生和社会工作业、文化体育和娱乐业以及综合业。

表4-8是分行业回归的汇率风险敞口。在这一部分,为了保证结果的稳健性,仍然采用了股票回报模型和现金流模型分别进行计算,并使用月度数据和季度数据分别进行回归。从表中可以看到,并不是所有的行业都显著受到汇率波动的影响,显著受到影响的行业为农、林、牧、渔业,采矿业,制造业,电力、热力、燃气及水生产和供应业,批发零售业,交通运输、仓储和邮政业,住宿和餐饮业以及房地产业。采矿业、电力、热力、燃气及水生产和供应业,交通运输、仓储和邮政业以及房地产业的共同特点是,这些行业中的几乎所有的公司都是本土公司,并不面对国际竞争,它们的汇率风险来源主要是供应商。这些行业需要大量运用到石油、铁矿石等来辅助生产,而这些商品大部分都依赖进口。因此这些公司虽然没有外汇交易,但是其从本土原料供应商处购买的原料都受到汇率波动的影响,因此这类公司也会受到汇率波动的影响,其影响机制可能主要来源于供应商。由于本书不讨论该机制因此在这里不做具体的论证。而农、林、牧、渔业,制造业,批发零售业以及住宿和餐饮业的汇率风险则可能大部分来自于竞争机制。这些行业当中本土产品和进口产品在市场上都有丰富的选择,形成了良好的竞争。

表 4–8　　　　　　　　　不同行业的汇率风险敞口

行业名称	字母代码	总数	占比	股票回报模型		现金流量模型	
				月度数据	季度数据	月度数据	季度数据
农、林、牧、渔业	B	3	0.97	0.001 (1.10)	-57.279 (-3.42***)	-9.383 (-4.85***)	-1.150 (-3.50***)
采矿业	C	10	3.25	0.009 (0.28)	-23.155 (-4.18***)	3.986 (0.02)	-4.977 (-3.34***)
制造业	D	145	47.08	-0.003 (-1.03)	-9.382 (-4.90***)	2.047 (4.74***)	-3.443 (-0.57)
电力、热力、燃气及水生产和供应业	E	26	8.44	0.001 (1.32)	-8.277 (-2.29**)	6.981 (5.42***)	1.462 (2.91***)
建筑业	F	8	2.6	0.000 (1.17)	11.648 (1.64)	-2.489 (-0.51)	-4.468 (-0.98)
批发和零售业	G	30	9.74	-0.003 (-4.89***)	2.347 (0.73)	-3.216 (-0.27)	8.424 (2.17**)
交通运输、仓储和邮政业	H	12	3.9	0.007 (1.76)	-23.516 (-3.91***)	3.822 (3.71***)	1.579 (0.31)
住宿和餐饮业	I	5	1.62	0.002 (0.58)	-5.001 (-0.35)	4.067 (2.69***)	-4.660 (-3.33***)
信息传输、软件和信息技术服务业	K	11	3.57	0.003 (0.30)	-15.342 (-1.26)	-1.751 (-0.14)	-5.178 (-1.09)
房地产业	L	44	14.29	0.004 (0.61)	12.155 (4.41***)	-2.778 (-4.48***)	2.899 (0.27)
租赁和商务服务业	M	3	0.97	0.002 (0.80)	16.420 (1.63)	1.555 (0.57)	-1.154 (-1.35)
水利、环境和公共设施管理业	Q	11	3.57	-0.003 (-0.49)	-6.148 (-1.51)	-1.513 (-0.38)	-4.501 (-1.31)

注：本表将394家上市的非跨国公司按照证监会行业分类分成了12个行业，并分行业报告了这些公司的月度和季度股票回报率和现金流量在2006~2007年受美元波动影响的系数和显著程度。回归过程为：

$$R_{i,t} = \beta_1 + \beta_2 RM_t + \gamma_{i,t} XR_t + \beta_3 Lev_{i,t} + \beta_4 SIZE_{i,t} + \beta_5 Ind_{i,t} + \beta_6 FS_{i,t} + \beta_7 MKBK_{i,t} + \beta_8 PRMARGIN_{i,t} + \varepsilon_{i,t}$$

$$CCF_{i,t} = \beta_1 + \gamma_{i,t} XR_t + \beta_2 Lev_{i,t} + \beta_3 SIZE_{i,t} + \beta_4 Ind_{i,t} + \beta_5 PRMARGIN_{i,t} + \beta_7 FS_{i,t} + \varepsilon_{i,t}$$

表中，与每个参数名称对齐的为变量对应各个模型下的参数估计值，下一行（）内表示的是参数估计的 t 检验值；*** 代表该参数值在1%置信水平下显著。** 代表该参数值在5%置信水平下显著。

第4章 汇率波动对非跨国公司的竞争传导机制

为了进一步验证表4-8的结果，本书对表4-8中显著受到汇率波动影响的行业进行进一步分析，计算竞争能力对这些行业汇率风险敞口的解释力度和显著程度。结果报告在表4-9当中。

表4-9　　　　　　　　　　不同行业的竞争传递机制

行业名称	字母代码	股票回报模型	LEV	MKBK	SIZE	PRMARGIN	COMPETE	t值
农、林、牧、渔业	B	-57.283	-0.494	-0.252	0.058	-0.024	-5.273	-2.55**
制造业	D	-9.386	-0.015	0.007	-0.045	0.192	-59.619	-4.20***
批发和零售业	G	2.352	0.149	-0.013	0.073	1.039	-45.194	-5.90***
住宿和餐饮业	I	-5.005	-0.317	0.009	-0.259	-0.015	2.567	4.39***

行业名称	字母代码	现金流量模型	LEV	MKBK	SIZE	PRMARGIN	COMPETE	t值
农、林、牧、渔业	B	-1.156	-6.384	-3.445	-3.690	3.976	-4.011	-4.69***
制造业	D	-3.449	-1.027	1.775	1.962	4.246	-6.356	-15.42***
批发和零售业	G	8.423	-3.099	6.192	2.775	6.178	-3.474	-46.85***
住宿和餐饮业	I	-4.661	7.041	5.815	8.987	1.352	3.792	8.74***

注：本表列示了4个竞争能力对公司汇率风险有显著解释力度的行业。这些行业的股票回报率和现金流量在2006~2007年受美元波动影响的系数和显著程度，同时报告了资本结构、市账比、规模和盈利能力对结果的控制程度。回归过程为：

$R_{i,t} = \beta_1 + \beta_2 RM_t + \gamma_{i,t} XR_t + \beta_3 Lev_{i,t} + \beta_4 SIZE_{i,t} + \beta_5 Ind_{i,t} + \beta_6 FS_{i,t} + \beta_7 MKBK_{i,t} + \beta_8 PRMARGIN_{i,t} + \varepsilon_{i,t}$

$CCF_{i,t} = \beta_1 + \gamma_{i,t} XR_t + \beta_2 Lev_{i,t} + \beta_3 SIZE_{i,t} + \beta_4 Ind_{i,t} + \beta_5 PRMARGIN_{i,t} + \beta_7 FS_{i,t} + \varepsilon_{i,t}$

然后，将回归出的汇率风险敞口系数提出，用竞争能力对进行解释，并报告了结果，回归过程为：

$\gamma_{i,t} = \beta_1 + \beta_2 Compsts_{i,t} + \varepsilon_{i,t}$

表中，与每个参数名称对齐的为变量对应各个模型下的参数估计值，下一行（）内表示的是参数估计的t检验值；*** 代表该参数值在1%置信水平下显著。** 代表该参数值在5%置信水平下显著。

从表4-9可以看到，当使用股票回报模型时，农、林、牧、渔业的竞争能力敏感系数为-5.27，t值为-2.55，制造业的竞争能力敏感系数为-59.61，t值为-4.2，批发和零售业的竞争能力敏感系数为-45.19，t值为-5.9，住宿和餐饮业的竞争能力敏感系数为2.56，t值为4.39。当使用现金流模型时，农、林、牧、渔业的竞争能力敏感系数为-4.01，t值为-4.69，制造业的竞争能力敏感系数为 -6.35，t 值为 -15.42，批发和零售业的竞争能力敏感系数为 -3.47，t 值为 -46.85，住宿和餐饮业的竞争能力敏感系数为 3.7，t 值为 8.74。可见显著受到汇率波动影响的行业中有农、林、牧、渔业，制造业，批发零售业以及住宿和餐饮业的汇率风险敞口可以被竞争能力很好地解释，无论是使用股票回报模型计算的敞口还是用现金流模型计算的敞口都显著受到公司竞争能力的影响。这些行业的共同特点是商品之间的可替代性较强，进口商品和本土商品之间的差价不高，使得汇率稍微波动就可以改变两者之间的竞争关系，从而使这类公司很容易受到汇率波动的影响。

4.4.3 稳健性检验

为了证明本书的结果是稳健可靠的，本书在证明过程中采用了股票回报模型和现金流模型分别进行了检验，结果表明无论是哪一个模型都能有效观察到竞争对公司汇率风险敞口的显著作用。同时，本书采用了月度数据和季度数据进行了分别的检验，结果也证明了无论是月度数据还是季度数据，竞争能力对公司的汇率风险敞口都有相当的解释力度。这充分说明了本书的结论的稳健性。相关的回归结果均在上文各表中进行了分别的列示，在此不再重复列示。

同时，由于本书计算公司的汇率风险敞口采用的是面板数据，因此基于面板数据的特点，本书对模型进行了两种检验（见表4-10）。第一，旨在检验模型的稳定性。本书使用 LLC 检验分别检验各变量在面板数据中是否存在不稳定性经过检验发现，所有变量 P 值都为 0，都拒绝了原假设，说明数据是稳定的。进一步，本书用怀特检验对模型进行了异方差性检验，同样 P 值为 0，说明不存在异方差性。

表4-10　　　　　　　　　稳定性检验与怀特检验

	Unadjusted t	Adjusted t*	p-value
$R_{i,t}$	-64.682	-52.075	0
$CCF_{i,t}$	-35.043	-19.929	0

续表

	Unadjusted t	Adjusted t*	p-value
$R_{m,t}$	−58.455	−45.787	0
$XR_{i,t}$	−40.537	−38.999	0
LEV	−41.579	−34.173	0
SIZE	−30.320	−27.277	0
PRMARGIN	−1.20E+04	−1.30E+04	0
MKBK	−1.60E+02	−1.70E+02	0
PRMARGIN	−43.537	−25.320	0
COMPETE	−36.770	−29.183	0
White test			0

以上检验说明本书的结论是稳健可靠的。

4.5 本章小结

本章着重讨论竞争能力对公司汇率风险敞口的解释力度。为了使得结论稳健可靠，本章采用了股票回报模型和现金流模型，并分别套用月度数据和季度数据进行实证检验，得出的结果是稳健可靠的。

首先，本章证明了，竞争能力对公司的汇率风险敞口具有很强的解释能力，竞争机制是非跨国公司汇率风险的传导机制之一。同时我们看到，在我国，非跨国公司的竞争能力与公司的汇率风险敞口是负相关关系，即竞争能力越低汇率风险敞口越大。在人民币升值期间，外来商品的价格相对降低，竞争能力提高，挤压了本土商品的市场，使得本土商品的竞争能力降低，收入降低，汇率风险增加。

其次，为了保证结果的稳健性，文章将样本按照规模分为三部分，分别是大型公司，中型公司和小型公司。由于前人研究提到，公司规模会影响到竞争能力对公司汇率风险敞口的解释力度，因此本书将小型公司与大型公司进行比

汇率波动、竞争机制与非跨国公司汇率风险

较,观察是否存在差异。实证结果表明,大公司的竞争能力更能解释大公司的汇率风险敞口,小公司的竞争能力虽然也能解释小公司的汇率风险敞口,但并不如大公司那样显著。这可能是由于大公司本身具有较高的市场占有率,当汇率波动时,汇率的变化会影响到大型公司的各个产品,覆盖的面较广,使得汇率波动对这类公司的影响面较大。反之,小公司本身的市场占有率就较低,产品单一,当汇率波动时这类公司受波及的面较窄,自然受到的影响也就更小。

再次,理论研究提到,竞争机制是非跨国公司最重要的汇率传导机制。本章也想要为这一理论观点提供有力的实证证据。本章选择了外汇交易大于30%的公司为跨国公司,将这些公司与非跨国公司进行比较后发现,竞争能力对非跨国公司的解释力度要远远高于跨国公司,同时海外销售收入占比对非跨国公司的汇率风险没有解释力度。这说明竞争能力对于非跨国公司起到了更重要的作用,是非跨国公司汇率风险的主要来源。

最后,本章讨论了竞争机制在不同行业之间的差别。我们发现,竞争机制并不能作用于所有的非跨国公司所处的行业。首先,并不是所有的非跨国公司所处行业都存在汇率风险,本章发现显著受到影响的行业为农、林、牧、渔业,采矿业,制造业,电力、热力、燃气及水生产和供应业,批发零售业,交通运输、仓储和邮政业,住宿和餐饮业以及房地产业。其中农、林、牧、渔业,制造业,批发零售业,交通运输、仓储和邮政业以及住宿和餐饮业是显著受到竞争能力影响的行业,这些行业的重要特点是行业产品中有国内产品和外来产品有充分的竞争,且两种产品之间的可替代性较强。因此,本章认为,竞争机制并不是在所有行业都能产生传导效应,这种机制在产品替代性强的行业才能充分发挥作用。

第 5 章

非跨国公司的汇率风险管理

5.1 引　　言

在汇率改革之前，汇率几乎是不波动的，因此汇率波动改变公司所处竞争环境从而影响公司并产生汇率风险的路径是不存在的。在这一时间段，非跨国公司无从感受到汇率风险，也更不会采取相应的措施。但自 2006 年汇改以来，汇率波动呈现了一些特点。首先，我国的汇率波动开始得较晚，还不足 10 年，是年轻的汇率波动市场。其次，我国的汇率波动由第一次汇改的单边波动到第二次汇改的双边波动，呈现出复杂的态势。最后，汇率波动自二次汇改以来波动幅度大幅提高。特别是 2015 年以来，这种剧烈波动，双边波动的态势显得尤为明显。2015 年由中国央行自我主导的"811"汇改，让人民币一夜之间贬值 4%，在随后的几个月中，离岸人民币更是大幅跳水，单日波幅达到 400 点。此次央行改革的最核心目标是坚定地放弃以美元为标准的人民币汇率形成机制，转而以篮子货币综合定价形成人民币汇率，同时扩大人民币的波动幅度，加强人民币波动的市场性。

这样的剧烈的改变使一部分非跨国公司感受到了汇率波动的强烈冲击。2015 年人民币意外贬值导致大量发行美元债券的中国房地产开发商蒙受巨额外汇损失。广州富力地产股份有限公司当年的净利润极少，虽然营收增长

▶▶ 汇率波动、竞争机制与非跨国公司汇率风险

28%，但人民币贬值让它损失了 12.1 亿元。总部设在上海的瑞安房地产有限公司因出现 13.1 亿元的外汇损失，收益暴跌近 60%。像保利置业集团有限公司、雅居乐地产控股有限公司之类的主要开发商也因类似原因发出了利润预警。可以看到这些海外销售收入不足 10% 的非跨国公司已经切实体会到了汇率波动的影响。

本书在实证章节的第 3 章，分别用现金流模型和股票模型证明了非跨国公司是会显著受到汇率波动影响的。在实证章节的第 4 章，证明了竞争的传导机制是导致非跨国公司受汇率波动影响的重要传导路径。在此之后，本章想要讨论非跨国公司的汇率风险管理问题。我们首先想到的是从汇率风险产生的源头来帮助公司管理汇率风险，但是遗憾的是竞争结构的变化本身并不完全由公司控制，因此想要通过"控制"竞争结构来缓解非跨国公司的汇率风险的可能性是十分微小的。然后我们希望从跨国公司汇率风险管理理论与方法上寻找适合非跨国公司的汇率风险管理方式。非跨国公司与跨国公司比起来，虽然没有大量直接的外汇交易，但是并不意味着适用于跨国公司的汇率风险管理办法完全不适用于非跨国公司。

近年来，跨国公司尝试着使用各种方式控制汇率风险。主要方式有两种：一种是金融对冲，即使用金融衍生工具如外汇远期、外汇掉期等。另一种是经营对冲，即通过对公司的整体运营进行调整来控制汇率风险，如改变原料生产国，更换产品生产国，调整广告策略等。学者们对这两种汇率风险控制方法都展开了研究。在金融对冲方面，盖伊和科塔里（Guay and Kothari，2003）研究了 234 家大规模非金融类公司，发现金融对冲的工具虽然可以给公司带来价值增加但数量微乎其微，仅仅能给公司带来 1 500 万美金现金流的增加和 3 100 万美金价值的增加。金和乔琳（Jin and Jorin，2006）以美国 119 家油气生产公司为样本，发现金融对冲的工具的使用并没有影响公司的价值。另一部分学者则持有相反的观点，认为金融对冲显著帮助公司缓解了汇率风险。卡特等（2006）对美国的航空公司进行了分析，发现使用金融对冲的公司其公司价值提高了 10%。巴特拉姆、布朗和康拉德（2012）提到许多观点认为衍生品是金融危机的罪魁祸首，应该严格监管和限制金融衍生品的使用。但他们认为，金融危机的爆发大部分来自于金融行业的金融衍生品使用不当，而与非金

融行业的金融衍生品使用没有很大关系。为了证明这一观点，他们以47个国家的上市公司为研究对象，发现在2001~2002年的经济下行期间，使用了金融对冲的公司有明显的高公司价值、高股票超额回报、以及高利润。为了解决内生性问题（即使用对冲使得价值提高还是价值高让公司使用对冲），布朗和康拉德用倾向得分匹配将样本分成使用金融对冲组和不使用金融对冲组，从而使结论更可靠。在经营对冲方面，研究开始得较晚，且成果也不如关于金融对冲的研究那样丰富。但是学者们对经营对冲的观点是一致的，即经营对冲帮助公司缓解了汇率风险。阿莱亚尼斯、伊里格和韦斯顿（Allayannis, Ihrig and Weston, 2001）以1996~1998年美国上市的跨国公司为研究对象，发现经营对冲的使用会提高公司的价值，但是经营对冲与金融对冲两者必须同时使用。埃利奥特、霍夫马和马卡尔（Elliott, Huffma and Makar, 2003）研究了以外币债务为主要经营对冲手段的公司的价值，发现汇率风险与外币债务之间存在正相关关系。崔和蒋（Choi and Jiang, 2009）以美国跨国公司和非跨国公司为研究对象，并将样本按照规模和行业进行一一对应分组，发现非跨国公司的汇率风险竟然高于跨国公司。而产生这一差异的原因正是由于跨国公司使用了经营对冲的方式控制汇率风险。在肯定了经营对冲的重要作用之后，学者们研究了经营对冲与金融对冲的关系。赫特森和莱恩（2014）以953家美国上市公司为研究对象（没有分跨国非跨国）研究金融对冲与经营对冲之间的关系，他们发现：第一，使用金融对冲和经营对冲的公司其公司价值更大。第二，许多高度国际化的公司鲜少使用金融对冲而更多的是使用经营对冲。第三，一般来说经营对冲与金融对冲是相互补充的关系，但是当汇率波动十分剧烈时金融对冲的有效性会大大降低，此时经营对冲是更为可靠的方式，两者关系由相互补充变成相互替代。

遗憾的是，关于汇率风险管理理论与方法的研究主要都是集中在跨国公司上，并没有专门针对非跨国公司的研究。因此本书想要研究现有的跨国公司汇率风险管理办法是否适用于非跨国公司的汇率风险管理。我们研究这个问题的原因在于，首先，汇率改革以后汇率波动的幅度、频率和方向都出现了重大的变化，幅度增加，频率上升并从单向波动变成双向波动。在这样的环境下，非跨国公司已经显著受到了汇率波动的影响，这些公司迫切需要关于汇率风险管理的理论指导,以及切实可行的管理办法。其次,非跨国公司与跨国公司不同,它们没有大量的外汇交易,不会直接面对汇率风险,一方面可能使得这些公司的汇率风险不那么高;但是另一方面,由于汇率波动的传导更为复杂,使得公司很难选择管理汇率风险的工具。例如,被跨国公司广泛使用的金融对冲工具就是建立在有直接外汇交易的基础上的,非跨国公司外汇交易少,因此在工具的选择上也有局限性,使得这类公司更需要关于汇率风险管理的专业建议。

理论上关于汇率风险管理方式主要有三种:金融对冲、经营对冲和盈余管理。由于对于非跨国公司来说,汇率主要是通过竞争机制这一日常经营活动来传递的,因此理论上经营对冲是更适合非跨国公司的汇率风险管理方法。本章从此处入手,研究了经营对冲对非跨国公司汇率风险的作用。

本章采取了经营对冲的公司和未采取经营对冲的公司进行分别分析,发现采取了经营对冲的公司其汇率风险敞口更小,说明使用了经营对冲的公司在汇率风险控制上有更好的表现。然后进一步地研究经营对冲对公司汇率风险敞口的解释力度,发现经营对冲显著影响公司的汇率风险敞口,且使用经营对冲的公司汇率风险敞口更小。最后,对比了跨国公司和非跨国公司的汇率风险管理状况,发现非跨国公司之所以汇率风险敞口高于跨国公司的主要原因就在于非跨国公司没有有效的使用经营对冲管理汇率风险。这三个角度的分析都证明经营对冲对于非跨国公司来说是行之有效的汇率风险管理手段。这一成果丰富了汇率风险管理理论,将汇率风险管理理论的适用范围从跨国公司拓展至了非跨国公司,同时首次向非跨国公司提供了汇率风险管理的理论指导,并给出了实践工具。

5.2 文献回顾与研究假设

关于汇率风险管理方法的研究主要从金融对冲和经营对冲入手,近年来还加入了关于盈余管理对公司汇率风险作用的研究。

金融对冲是最传统最常见的汇率风险控制方法。斯密特和斯图尔兹

(1985)以及斯图尔兹(1994)认为,由于公司管理者是风险厌恶性,因此他们有很强的动机对风险进行控制。汇率风险控制主要分为两类,一类是金融对冲一类是经营对冲。金融对冲是使用金融衍生工具例如套期保值、远期合约等对汇率风险进行控制。这一类的风险控制方法主要针对交易风险,即使用外币来计价进行交易时,公司因汇率变动而产生损失可能性。大部分的学者认为使用金融衍生工具进行汇率风险对冲可以提高公司价值。阿莱亚尼斯和奥菲克(Allayannis and Ofek, 2001)发现使用金融衍生工具对冲汇率风险大大提高了公司的价值。若里翁(1990),阿米胡德(1993),博德纳尔和金特里(1993)惊奇地发现美国的跨国公司、出口公司和制造业公司并没有显著的汇率风险敞口,他们认为出现这一现象的原因在于这些公司很好地运用了金融衍生工具对汇率风险进行控制,使得汇率的波动没有对公司价值产生负向的影响。巴特拉姆(2009)对这一观点进行了进一步的证实。他发现跨国公司由于使用外币交易因此不可避免地受到汇率风险的影响,然而在使用了金融衍生工具进行金融对冲之后,这些公司的汇率风险显著降低只剩下少量微弱的系统性风险。这就是为什么不考虑金融对冲的实证研究得出跨国公司不受汇率风险影响的原因。巴特拉姆、布劳和康拉德(Bartram, Brow and Conrad, 2009)以47个国家的公司为研究样本,并用倾向得分的方式将样本进行匹配,发现使用衍生工具的公司其公司价值显著大于没有使用衍生工具的公司,说明金融对冲对公司价值有正向的意义。格雷厄姆和罗杰斯(Graham and Rogers, 2002)探寻公司使用金融衍生工具进行对冲是否是因为金融衍生工具可以产生税盾,结果发现,公司使用衍生工具的动机只是为了降低汇率风险,但是这一举动同时增加了公司的举债能力,增加了利息税盾,从而提高了公司价值。也有一部分学者认为金融对冲的作用被夸大了。瓜亚和科塔里(Guaya and Kothari, 2003)发现,即使出现利率、汇率以及商品价格同时变动的极端情况,金融衍生品也只能为公司带来最多15 000 000的现金流增加和30 000 000的公司价值增加。因此作者认为金融衍生工具对提高公司价值的作用被高估,前人实证研究之所以得出金融衍生工具显著提高公司价值的结论,可能是因为其他控制风险的方法,例如经营对冲等的作用没有被排除。我国对金融对冲的研究开始于2007年,之前虽然有学者注意到了这一问题,但是由于信息披露不足,无

汇率波动、竞争机制与非跨国公司汇率风险

法获得公司使用金融对冲的数据。汇率改革以来，公司对汇率风险空前重视，并积极采取金融对冲的方式加以控制。据此，财政部在2007年颁布的新《公司会计》准则中明确提出公司需要在附注中披露风险敞口及其形成原因、风险管理目标、风险计量方法、使用的金融工具类型以及该工具的账面价值、公允价值等，为学者们研究金融对冲对公司价值的影响创造了条件。郭飞（2009）使用2007~2009年我国968家跨国公司数据，发现使用金融对冲给公司带来近10%的价值溢价，证明了金融对冲在我国也会对公司价值产生积极的作用。

经营对冲则是通过对经营方式的调整例如更换原料采购地、使用外币融资等方式对汇率风险进行控制。这一类的风险控制方法主要针对经营风险，即由汇率波动引起的公司未来现金流的变化，所导致的外汇损益由公司未来竞争状况决定。弗勒德和莱萨德（Flood and Lessard，1986）认为经营风险是一种长期的风险，只能通过经营对冲进行管理。假设一家公司有一笔确定的外汇现金流入，唯一不确定的是用多少的汇率结算，这种交易风险只要购买一个远期合约就可以得到控制。然而这种金融对冲方式无法控制现金流入和汇率都不确定的情况，此时只有经营对冲的方式才能控制住汇率风险，如将原料采购地与产品销售地调整到同一国家，使汇率风险相互抵消。一系列实证研究表明，经营对冲可以帮助公司控制汇率风险并提高公司的价值。艾伦和潘赞利（1996）以363家美国的跨国公司为研究对象，发现跨国公司经营的深度与广度与其汇率风险大小显著相关。若跨国公司的经营广度较高，即用多币种交易，则其汇率风险更小，公司价值更高。若跨国公司的经营深度较高，即单一币种结算比重较大，则其汇率风险更大，公司价值更低。金（2006）对424家公司进行对照研究，将424家公司按照规模和所处行业进行匹配，其中有212家使用了经营对冲，212家没有使用经营对冲。作者发现，使用了经营对冲的公司价值高于没有使用经营对冲的公司价值。米勒和鲁厄尔（Miller and Reuer，1998）对美国的出口制造类公司进行研究，发现直接海外投资能够降低公司受到的汇率风险。我国在经营对冲与公司价值方面的研究开始得较晚，研究的成果较少。郭飞、王晓宁和马瑞（2013）对国外经营对冲与公司价值的文献进行了梳理，提出在汇率改革的大背景下充分运用经营对冲进行汇率风险管理已经刻不容

缓，但并没有用我国的数据进行实证研究。

盈余管理实际上并没有从根本上缓解公司的汇率风险，而是让公司看上去不过分受到汇率风险的影响，从而防止投资者由于观察到巨大汇率风险而降低对公司的估值。彼得森和蒂亚加（Petersen and Thiagarajan，2000）将盈余管理分为两种类型，一种为应计盈余管理，如将本期应计利润移至下一期。另一种为真实盈余管理，如使用衍生工具降低现金流的波动使盈余平滑。基于以上定义，我们猜想应计盈余管理作为平滑盈余的一种方式，或许可与使用金融对冲的工具的真实盈余管理形成互补或替代的关系，也能在平滑盈余并降低风险中起到一定的作用。巴顿（Barton，2001）用 1994～1996 年《财富》杂志 500 强公司作为研究对象，发现是否使用外汇衍生产品与是否进行应计盈余管理存在显著负相关关系，即两者存在相互替代可能。平卡斯和拉杰帕尔（Pincus and Rajgopal，2002）以油气公司为研究对象发现，这些公司用调整应计项目的方式来替代商品价格衍生品进行盈余管理，也说明两者可能存在相互替代的关系。申慧慧（2001）认为，公司在不确定性的环境中会倾向于使用盈余管理来降低不确定性对公司造成的影响，从而稳定公司的价值。汇率波动的形成原因极其复杂，汇率走势多变而难以预测，特别在汇率改革的时代，汇率的波动对公司就是一种极大的不确定性。张、辛和诗拉侯（2013）首次将汇率风险与盈余管理联系在一起，认为汇率波动对公司的影响体现在股价上，而股票价格取决于投资者如何看待受汇率波动影响之后的公司盈余，而盈余是可以被"管理"的，因此，公司很有可能使用盈余管理的方式来降低汇率风险。他们通过实证检验发现，盈余管理，特别是以平滑盈余为目的的盈余管理能够显著降低公司的汇率风险，即使公司已经使用了金融对冲和经营对冲，盈余管理仍然能起到降低汇率风险的作用。并且，当公司没有合适的金融对冲工具可以使用，也没有条件进行经营对冲时，盈余管理是更为重要的汇率风险控制方法。

对于非跨国公司来说，金融对冲的适用范围非常有限。非跨国公司的外币交易不足交易总量的 10%，而金融对冲主要是在有外币交易的情况下发挥作用。因此，金融对冲对非跨国公司汇率风险的作用可能并不是十分显著，而且在运用方面也缺乏应用条件。而盈余管理，虽然很可能帮助非跨国公司缓解汇率风险，但是这种缓解并不是真正意义上的缓解，而是对盈余进行平滑处理，使得公司受到的汇率风险看上去不那么明显，从而稳定投资者对公司的估值。经营对冲则与以上两者有很大不同，在本书实证研究的第3章和第4章已经证明了，非跨国公司的汇率风险主要来自于竞争机制，以及供应商。这种传播方式正是通过日常经营来传播的，因此，本章着重关注经营对冲对非跨国公司汇率风险的作用。目前现有的关于经营对冲的研究主要针对于跨国公司，而对非跨国公司的涉足不够。对于非跨国公司来说，最容易被观察到的经营对冲方式就是采用外币融资，但是现有文献的研究对象多是美国公司，美国是众所周知的融资环境最健康最完善的市场。因此，美国的非跨国公司选择去其他海外市场融资的可能性较低，样本量过少，这也许是为什么现有文献没有研究非跨国公司经营对冲的原因。而在我国，无论股票市场还是债券市场都不十分完善，许多公司选择去海外上市，在香港市场发行外币债务，或者同时发行A股和B股来满足海外融资的要求。这为本章研究非跨国公司的经营对冲提供了良好的条件。据此，我们提出假设5：

假设5：经营对冲帮助非跨国公司缓解汇率风险。

5.3 研 究 设 计

5.3.1 样本选择与数据来源

本书的研究对象是我国上市公司，选取2006~2014年的沪市A股和深市A股上市公司数据。本书对数据进行了以下处理：①若公司从2006~2014年连续海外收入占总收入比低于10%，即视该公司为非跨国公司，以此为标准将其他公司剔除。②将样本中解释变量与被解释变量数据不连续或存在缺失值的公司剔除，最后剩余394家公司为本书样本。本书所使用的微观数据，如我国上市的非跨国公司及跨国公司的数据来自于CSMAR国泰安金融数据库，宏观数据，如汇率等数据取自于万德数据库。本书使用的统计工具为Stata14.0软件。

5.3.2 变量定义与数据说明

解释变量1：汇率变动率

$XR_{i,t}$：用来描述美元、欧元、港币及人民币名义和实际有效汇率指标的变动程度。其中美元、欧元和港币兑人民币的汇率采用的是间接标价法，以美元为例，即一单位美元可以兑换多少单位的人民币。该数值越大说明人民币越处于贬值状态，该数值越小，说明人民币越处于升值状态。与之对应的，计算出来的变动率为正则人民币贬值，计算出来的变动率为负责人民币升值。实际有效汇率指数根据国家与国家之间的相对价格水平调整后的汇率指标。实际有效汇率指数上升代表本国货币相对价值的上升，下降代表本国货币相对价值的下降。该指标的计算公式如下：

$$XR_{j,t} = \left(\frac{EX_{j,t}}{EX_{j,t-1}} - 1\right) \times 100$$

其中，$EX_{j,t}$为汇率指标i在t期期末汇率值，$EX_{j,t-1}$为汇率指标i在$t-1$期期末汇率值。

解释变量2：市场回报率

$R_{m,t}$：市场回报率是指股票市场中所有股票的平均回报率。由于本书同时涉及了沪市A股和深市A股的股票，因此市场回报率也是按照市场类型进行单独计算的。计算方法如下：

$$R_{m,t} = \frac{\sum_n w_{n,t} r_{n,t}}{\sum_n w_{n,t}}$$

其中，$R_{m,t}$为市场m在t期内所有股票的加权平均回报率；$r_{n,t}$为考虑现金红利的个股回报率。

被解释变量1：公司的股票回报率变化

$R_{i,t}$：即公司的股票收益率变化。计算方法如下：

$$R_{i,t} = \frac{P_{i,t}}{P_{i,t-1}} - 1$$

其中，$P_{i,t}$为股票i在t期最后一个交易日的考虑现金红利再投资的日收盘价；

$P_{i,t-1}$ 为股票 i 在 $t-1$ 期最后一个交易日的考虑现金红利再投资的日收盘价。

被解释变量 2：公司经营性现金流量变化

$CCF_{i,t}$：计算方法如下：

$$CCF_{i,t} = \frac{CF_{i,t}}{CF_{i,t-1}} - 1$$

其中，$CF_{i,t}$ 为公司 i 在 t 期的经营性现金流量；$CF_{i,t-1}$ 为公司 i 在 $t-1$ 期的现金流量。

以上解释变量与被解释变量是回归分析中需要重点关注的变量，其他关于公司特征的变量是用来控制其他因素对回归结果的影响的，一并在表 5-1 中列出。

解释变量 3：金融对冲

$F_{i,t}$：按照阿莱亚尼斯和韦斯顿（2001）；巴特拉姆（2009）等的方法，凡是年报中有"远期""掉期""CDS""CRM""NDF""套期保值"字样，且这些字样与汇率或外汇相关，则视该公司使用金融对冲的方法对汇率风险进行控制。

解释变量 4：经营对冲

$O_{i,t}$：经营对冲方面，由于我国并未强制公司进行外汇经营对冲的披露，因此数据较难获取。本书关于经营对冲的数据是从巨潮数据库中公司的年报、公告等进行关键词搜索获得的。根据崔（1986）；艾伦和潘赞利（1996）的研究，以下行为均被视为经营对冲行为：更换供应商（供应商需要有跨国背景或进出口背景），公司银行存款科目的货币种类除人民币之外还有其他一种或多种外币，公司发行外币债务，公司选择发行 H 股，公司选择发行 B 股。

表 5-1　　　　　　　　　　变量说明表

变量名称	变量符号	变量定义
汇率变动率	$XR_{i,t}$	$XR_{i,t}$ 为某货币标价的人民币汇率变动率，其中 $EX_{i,t}$ 为 i 货币兑人民币汇率在 t 期期末的中间价。$XR_{i,t} = \left(\dfrac{EX_{i,t}}{EX_{i,t-1}} - 1 \right) \times 100$

续表

变量名称	变量符号	变量定义
现金流量变化	$CCF_{i,t}$	公司经营性现金流量变化。其中，$CF_{i,t}$ 为公司 i 在 t 期的经营性现金流量；$CF_{i,t-1}$ 为公司 i 在 $t-1$ 期的现金流量。$CCF_{i,t} = \dfrac{CF_{i,t}}{CF_{i,t-1}} - 1$
股票回报率	$R_{i,t}$	$P_{i,t}$ 为公司 i 在 t 期最后一个交易日的考虑现金红利再投资的日收盘价，$P_{i,t-1}$ 为股票 i 在 $t-1$ 期最后一个交易日的考虑现金红利再投资的日收盘价价格。$R_{i,t} = \dfrac{P_{i,t}}{P_{i,t-1}} - 1$
市场回报率	$R_{m,t}$	$R_{m,t}$ 为市场 m 在 t 期内所有股票的加权平均回报率
金融对冲	$F_{i,t}$	若有金融对冲行为则该变量为1，否则为0
经营对冲	$O_{i,t}$	若有经营对冲行为则该变量为1，否则为0
资本结构	LEV	公司各种资本（负债、股权等）的价值构成及其比例，计算公式为：（当年）资产负债率=（当年）负债总额/（当年）资产总额
公司规模	SIZE	计算公式为：（当年）公司规模=ln（当年）销售收入
所处行业	IND	公司所处的行业类别。参照证监会行业分类表确定
海外销售额	FS	公司在每个年度的海外销售额的人民币计价额
盈利能力	PRMARGIN	计算公式为：（当年）销售盈利能力=[（当年）营业收入−（当年）营业成本]/（当年）营业收入
成长性	MKBK	公司的成长潜力、投资机会和发展前景。计算公式为：（当年）市账比=（当年）市场价值/（当年）账面价值

5.3.3 模型选择

大部分研究采用双因素模型来对公司的汇率风险进行估计，双因素模型公式如下：

$$R_{i,t} = \alpha_1 + \alpha_2 R_{m,t} + \gamma_{i,t} XR_t + \varepsilon_{i,t} \tag{1}$$

其中，$\gamma_{i,t}$ 为 i 公司在 t 期的汇率风险敞口。双因素模型已为多个经济学者所使用，如巴托夫（1996），巴托夫和博德纳尔（1994），格里芬和斯图尔兹（2001），博德纳尔和金特里（1993）等。

为了使本书结论更可靠，进一步检验非跨国公司是否存在汇率风险，本书参考阿加沃尔和哈珀（2010）；瓦茨（1992），穆勒和维尔肖（2007），周和陈（1998）等的研究模型，在双因素模型的基础上加入市账比和规模因素等控制变量，控制住公司特征对回归结果的影响，模型如下：

$$R_{i,t} = \beta_1 + \beta_2 RM_t + \gamma_{i,t} XR_t + \beta_3 Lev_{i,t} + \beta_4 SIZE_{i,t} + \beta_5 Ind_{i,t} + \beta_6 FS_{i,t} + \beta_7 MKBK_{i,t} + \beta_8 PRMARGIN_{i,t} + \varepsilon_{i,t} \tag{2}$$

布雷丁和海德（2010）等认为，汇率波动对公司的影响主要表现在对现金流量的影响上，因此本书也将汇率波动对现金流的影响考虑在内，使用的回归模型如下：

$$CCF_{i,t} = \beta_1 + \gamma_{i,t} XR_t + \beta_2 Lev_{i,t} + \beta_3 SIZE_{i,t} + \beta_4 Ind_{i,t} + \beta_5 PRMARGIN_{i,t} + \beta_7 FS_{i,t} + \varepsilon_{i,t} \tag{3}$$

本书参考艾伦和潘赞利（1996）以及金（2006）的模型，估计金融对冲和经营对冲对非跨国公司汇率敞口的解释力度，由于我们在计算敞口时已经控制了公司特征对结果的影响，因此在这个模型中不再对公司特征进行重复的控制，使用的模型如下：

$$\gamma_{i,t} = \alpha_i + \beta_{mnc} MNC_{i,t} + \beta_d D_i + \beta_o O_i + \beta_b D_i \times O_i + \varepsilon_{i,t}$$

5.3.4 描述性统计

表5-2是研究样本的描述性统计。本章主要研究经营对冲对非跨国公司汇率风险的作用，其中很重要的一个角度就是比较使用了经营对冲和没有使用经营对冲的公司有哪些不同。因此，本表将样本分为两个部分——使用了经营对冲的公司和没有实用经营对冲的公司，分别对两个部分的样本进行描述性统计。从表5-2中我们可以看到，使用了经营对冲的公司和没有实用经营对冲的公司在样本特性上就有明显的差别。首先，从经营性现金流来看，采取经营对冲措施的公司要明显好于没有采取经营对冲的公司，采取了经营对冲公司的现金流均值为76.4，而未采取经营对冲措施的公司其现金流均值为21.2，前

者是后者的近4倍，说明采取了经营对冲的公司其现金流是比较充分的，收入要远高于没有采取经营对冲的公司。但由于这个数值受到公司规模等诸多因素影响，还无法仅从这一数据判断采取经营对冲的公司有良好的经营状况。接下来我们来看两者的规模差异，可以看到，采取经营对冲的公司要比未采取经营对冲的公司有更大的规模，其均值分别为22.08和21.03，两者虽然有差异但并没有显著地区别。结合现金流的描述统计状况，初步可以判断采取了经营对冲的公司有良好的财务状况。为了巩固这一结论，我们继续看采取经营对冲的公司的盈利能力和未采取经营对冲的公司的盈利能力。表5-2中显示，采取了经营对冲的公司其盈利能力均值为0.03，而未采取经营对冲公司的盈利能力均值为0.01，说明采取经营对冲的公司其经营状况要好于未采取经营对冲的公司，其盈利能力是未采取经营对冲公司的三倍。最后，我们看一下两者的市账比，看看市场对不同公司的估值态度。采取了经营对冲的公司其市账比均值为5.84，未采取经营对冲的公司其市账比为4.01。说明市场明显对采取了经营对冲的公司有更高的估值。综合以上几点可以看出，采取了经营对冲的公司无论是在账面上还是在投资者心目中的表现都要远远好于没有采取经营对冲的公司。当然，仅从这些描述统计数据我们无法断定经营对冲是这些公司经营状况良好的原因，为了进一步解释这个问题我们将在本章5.4节中对数据进行回归分析。

表5-2　　　　　　　　　　样本特征的描述性统计

经营对冲的公司样本特征					
指数	CASH	LEV	MKBK	SIZE	PRMARGIN
样本量	1 791.00	1 791.00	1 791.00	1 791.00	1 791.00
均值	76.40	0.98	5.84	22.08	0.03
中位数	110	0.56	2.53	22.15	0.01
方差	3.26	1.97	18.88	1.81	0.08
最小值	-10.40	-0.19	-11.18	16.16	-0.07
最大值	417	13.71	173.16	26.95	0.78

续表

不采取经营对冲的公司样本特征					
指数	CASH	LEV	MKBK	SIZE	PRMARGIN
样本量	26 559	26 559	26 559	26 559	26 559
均值	21.22	0.47	4.01	21.53	0.01
中位数	81.11	0.45	3.01	21.44	0.03
方差	9.17	0.31	14.46	1.15	0.17
最小值	-83.80	0.01	-398.65	18.16	-0.16
最大值	181	6.55	332.02	25.86	8.54

5.4 实证结果分析

5.4.1 经营对冲帮助非跨国公司缓解汇率风险

前人的研究并没有关注非跨国公司汇率风险控制，原因在于大部分关于汇率风险的研究都集中于跨国公司，使得学者们并没有发现非跨国公司也是受到汇率波动的影响的。近年来虽然有学者用实证研究的方式证实了非跨国公司也受到汇率波动的影响，但并没有进一步提出适合这类公司的汇率风险控制方法。这可能是因为，首先，在关于非跨国公司汇率风险研究的早期，学者们仅仅证明了汇率风险的存在，并没有研究对于非跨国公司来说汇率风险的传递路径是怎样的。在不清楚传递路径的情况下，无法找出有效的汇率风险管理方法。伯格布兰特、凯西亚和亨特（2014）首次用实证检验的方式证明了竞争是汇率传递的重要路径，但是并没有就此给出具体的汇率波动控制管理方法。竞争是公司日常经营活动中不可回避的部分，想要管理好由竞争传递的汇率风险就有必要在日常经营活动中进行调整。因此现有的汇率风险管理方法中，经营对冲可能是更适合非跨国公司的汇率风险管理方法。据此，在本章中我们将用实证的方式研究经营对冲对非跨国公司汇率风险管理的作用。

第5章 非跨国公司的汇率风险管理

我们将非跨国公司的样本进行进一步细分,在巨潮数据库中对这些公司 2006~2014 年的公告进行关键字检索。凡是发行外币债务、发行 B 股和发行 H 股的这些选择海外融资的公司均视为有经营对冲行为的公司。然后,分别计算这些公司的汇率风险敞口,结果如表 5-3 所示。

表 5-3　股票回报模型采取和未采取经营对冲的公司汇率风险敞口

变量	月度数据	样本数量	显著样本比例	季度数据	样本数量	显著样本比例
采取经营对冲的公司						
$XR_{i,t}$	6.751 (0.16)	70	4%	2.544 (3.36***)	70	48%
$R_{i,t}$	0.924 (36.94***)			0.943 (30.07***)		
LEV	0.002 (1.47)			0.035 (9.39***)		
PRMARGIN	0.003 (0.83)			-0.005 (-0.68)		
SIZE	-0.006 (-0.38)			-0.001 (-0.003)		
MKBK	0.002 (1.43)			0.002 (0.70)		
Prob > F	0			0		
R-square	0.35			0.38		
采取经营对冲的公司						
$XR_{i,t}$	-2.166 (-0.15)	284	10%	-0.972 (-4.19***)	284	57%
$R_{i,t}$	1.019 (119.25***)			1.116 (104.56***)		
LEV	0.002 (0.68)			0.013 (1.85)		

汇率波动、竞争机制与非跨国公司汇率风险

续表

指数	月度数据	样本数量	显著样本比例	季度数据	样本数量	显著样本比例
未采取经营对冲的公司						
PRMARGIN	0.002 (1.36)			0.002 (1.60)		
SIZE	-0.002 (-2.80***)			-0.009 (-5.23***)		
MKBK	0.007 (1.57)			0.004 (3.04***)		
Prob > F	0			0		
R - square	0.33			3.1		

注：本表对采取了经营对冲的公司和未采取经营对冲的公司进行了分别列示，报告了月度数据 54 家公司和季度数据 122 家公司股票回报率在 2006~2014 年受美元波动影响的系数和显著程度，并同时报告了资本结构、市账比、规模和盈利能力对结果的控制程度，回归过程为：

$R_{i,t} = \beta_1 + \beta_2 RM_t + \gamma_{i,t} XR_t + \beta_3 Lev_{i,t} + \beta_4 SIZE_{i,t} + \beta_5 Ind_{i,t} + \beta_6 FS_{i,t} + \beta_7 MKBK_{i,t} + \beta_8 PRMARGIN_{i,t} + \varepsilon_{i,t}$

表中，与每个参数名称对齐的为变量对应各个模型下的参数估计值，下一行（）内表示的是参数估计的 t 检验值；*** 代表该参数值在 1% 置信水平下显著。** 代表该参数值在 5% 置信水平下显著。

在表 5-3 中，我们对比了采取经营对冲的公司和没有采取经营对冲公司的汇率风险敞口，并同时使用月度数据和季度数据，依次套入股票回报模型和现金流模型，使得结果更为稳健可靠。当使用股票模型来评估公司的汇率风险时，采取经营对冲的公司在套用月度数据的情况下并没有表现出显著的汇率风险，其 t 值为 0.16，而未采取经营对冲的公司的汇率风险敞口 t 值为 -0.15 虽然也不显著，但是样本中显著受到汇率波动影响的公司占到了样本量的 10%，采取了经营对冲的公司中显著受到汇率波动影响的公司则仅为 4%。当使用季度数据进行分析时，采取经营对冲的公司显著受到了汇率波动的影响，其系数为 2.54，t 值为 3.36。未采取经营对冲的公司也显著受到了汇率波动的影响，其系数为 -0.97，t 值为 -4.19。由此可见，虽然采取经营对冲的公司和未采取经营对冲的公司都受到了汇率波动的影响，但是未采取经营对冲的公司的 t 值更大，说明影响更为显著。不仅如此，采取经营对冲的公司中，显著受到汇率波动影响的公司占到了样本总量的 48%，而未采取经营对冲的公司中，显著受到汇率波动影响的公司占到了样本总量的 57%。以上这些数据说明，和

未采取经营对冲的公司比较起来,采取了经营对冲的公司受到汇率风险的影响更小,不仅仅是显著程度较低而且受到影响的范围也更小。这从一个方面证明了经营对冲对公司汇率风险具有有效的缓解作用。但是,仅仅是股票回报模型表现出了这一结论是不足以证明结论的可靠性的,我们将套用现金流模型进行进一步的分析和检验。

在表 5-4 中,我们同样将样本分为采取经营对冲组和未采取经营对冲组,采用现金流模型来测算和比较两者的汇率风险敞口。当使用月度数据时,采取经营对冲的公司显著受到了汇率风险的影响,其影响系数为 -3.99,t 值为 -4.01。而未采取经营对冲的公司也显著受到了汇率波动的影响,其影响系数为 5.35,t 值为 5.5。虽然采取经营对冲的公司和未采取经营对冲的公司都显著受到了汇率波动的影响,但是无论是影响系数还是 t 值都是未采取经营对冲的公司更高。这说明采取经营对冲的公司其汇率风险敞口的大小以及显著程度都是低于未采取经营对冲的公司的。同时,采取经营对冲的公司中,有 64% 的公司有显著的汇率风险敞口,而未采取经营对冲的公司中则有 68% 的公司有显著的汇率风险敞口。从这个方面也能看出采取了经营对冲的公司受汇率波动的影响更小。当采用季度数据进行分析时,采取经营对冲的公司显著受到了汇率波动的影响,其影响系数为 3.37,t 值为 2.91,而未采取经营对冲的公司也显著受到了汇率波动的影响,其影响系数为 1.66,t 值为 3.62。两者虽然都显著受到了汇率波动的影响,但是未采取经营对冲的公司其 t 值更高,说明受汇率波动影响更为显著。同时,采取经营对冲的公司中,有 68% 的公司表现出了显著的汇率风险敞口,而未采取经营对冲的公司中高达 96% 的公司表现出了显著的汇率风险敞口。这说明未采取经营对冲的公司受汇率风险影响的范围更广。以上这些数据充分说明了,采取了经营对冲的公司其汇率风险敞口更小,受到的影响更小,受影响的显著程度更低。

表 5-3 和表 5-4 说明,无论是采用股票回报模型还是现金流模型,无论是以月度数据为样本还是以季度数据为样本,采取了经营对冲的公司受汇率风险的影响程度都要低于未采取经营对冲的公司。但仅仅比较两者的汇率风险敞口还不足以说明两者的差异是由经营对冲引起的,因此,我们继续用回归分析的方法,分析经营对冲对公司汇率风险敞口的解释力度。

表 5-4　采取和未采取经营对冲的公司汇率风险敞口——现金流模型

现金流模型——采取经营对冲的公司							
变量	月度数据	样本数量	显著样本比例	季度数据	样本数量	显著样本比例
$XR_{i,t}$	-3.995 (-4.01***)	70	64%	3.373 (2.91***)	70	68%
LEV	1.602 (4.01***)			1.501 (3.39***)		
PRMARGIN	-1.099 (-1.09)			-9.269 (-0.93)		
SIZE	7.184 (7.92***)			7.294 (5.66***)		
MKBK	1.481 (3.73***)			1.622 (3.87***)		
Prob > F	0			0		
R-square	0.3			0.32		

现金流模型——未采取经营对冲的公司							
变量	月度数据	样本数量	显著样本比例	季度数据	样本数量	显著样本比例
$XR_{i,t}$	5.352 (5.50***)	284	68%	1.663 (3.62***)	284	96%
LEV	-3.135 (-14.14***)			-2.667 (12.57***)		
PRMARGIN	6.239 (0.08)			7.009 (0.14)		
SIZE	3.086 (5.68***)			2.365 (4.70***)		
MKBK	9.511 (3.47***)			1.194 (3.14***)		
Prob > F	0			0		
R-square	0.3			0.3		

注：本表对采取了经营对冲的公司和未采取经营对冲的公司进行了分别列示，报告了月度数据 54 家公司和季度数据 122 家公司股票回报率在 2006~2014 年受美元波动影响的系数和显著程度，并同时报告了资本结构、市账比、规模和盈利能力对结果的控制程度，回归过程为：

$$CCF_{i,t} = \beta_1 + \gamma_{i,t} XR_t + \beta_2 Lev_{i,t} + \beta_3 SIZE_{i,t} + \beta_4 Ind_{i,t} + \beta_5 PRMARGIN_{i,t} + \beta_7 FS_{i,t} + \varepsilon_{i,t}$$

表中，与每个参数名称对齐的为变量对应各个模型下的参数估计值，下一行（）内表示的是参数估计的 t 检验值；*** 代表该参数值在 1% 置信水平下显著。** 代表该参数值在 5% 置信水平下显著。

第5章 非跨国公司的汇率风险管理

表5-5展示了经营对冲对公司汇率风险的解释力度。我们采用股票回报模型和现金流模型对公司汇率风险敞口进行了估计,并为了使得敞口值更准确而在估计模型中加入了资本结构、市账比、规模和盈利水平作为控制变量。同时,为了使得结果稳健,还分别套用了季度数据和月度数据分别进行了回归。从表中可以看到,当使用股票回报模型并套用月度数据时,除了市账比之外的控制变量均未表现出显著的特性,同时经营对冲也没有表现出显著,系数为-0.0002,系数为-1.23。这说明,经营对冲对股票回报模型计算出来的汇率风险没有解释能力。前文提到,非跨国公司汇率风险有一定的滞后性,这可能是月度数据的汇率风险敞口不明显从而引起经营对冲的解释力度不强。因此,进一步地采用季度数据进行分析,发现当使用季度数据分析时,控制变量、资本结构、规模、市账比和盈利能力均表现出了较强的解释力度。但经营对冲却没有,系数为-2.82,t值为-1.33。这可能是由于经营对冲主要管理的是竞争环境等由于汇率波动引起的经营状况发生改变从而引起的汇率风险,这类汇率风险主要的表现是表现在现金流变化上,因此经营对冲对股票回报模型评估的汇率风险可能没有显著的解释作用,而对现金流模型估计的汇率风险则有显著解释作用。为了证明这一点,我们用现金流模型进行分析,首先用月度数据估计公司的汇率风险,发现控制变量资本结构、市账比、规模和盈利能力均显著,同时经营对冲对现金流模型估算出的汇率风险有显著的解释作用,其系数为7.68,t值为5.67。说明经营对冲显著影响公司的汇率风险,并有负向的影响。继续使用季度数据进行分析,发现,控制变量资本结构、市账比和规模均显著,同时经营对冲也显著的解释了公司的汇率风险,其系数为2.46,t值为12.57。说明使用现金流模型并套用季度数据时,经营对冲仍然具有很强的解释力度,且经营对冲的作用是负向的,即公司采用经营对冲会降低公司的汇率风险。放在现实的经济环境中,我国自汇率改革之后,汇率波动的主要方向是升值,若公司采用外币债务融资则借入外币,到期之后将人民币兑换成外币来偿还本息。此时汇率升值使得偿还外币所需要的人民币减少,降低了公司的融资成本。同样,当公司选择股权融资时,在年末使用赚得的人民币兑换成外币进行分红,由于人民币升值,分红所需要的本币减少,也降低了公司的融资成本。因此,采用外币融资方式在现阶段能够帮助非跨国公司降低融资成本,从

▶▶ 汇率波动、竞争机制与非跨国公司汇率风险

而缓解公司的汇率风险。

表 5-5　　　　　　　　　　　经营对冲的解释力度

变量	月度数据	t 值	季度数据	t 值
股票回报模型				
LEV	-1.691	-0.132	-0.713	-3.253***
MKBK	1.007	2.471***	1.123	8.751***
SIZE	0.001	1.323	0.027	7.887***
PRMARGIN	0.007	1.536	0.003	2.852***
$O_{i,t}$	-0.002	-1.237	-2.821	-1.332
现金流模型				
	月度数据	t 值	季度数据	t 值
LEV	-4.022	-2.918***	-3.696	-2.746***
MKBK	1.575	3.457***	1.764	3.693***
SIZE	3.086	5.686***	2.889	4.892***
PRMARGIN	6.232	0.087	5.083	0.081
$O_{i,t}$	-7.681	-5.671***	-2.468	-12.578***

注：本表报告了394家上市的非跨国公司的股票回报率和现金流量在2006~2014年受美元波动影响的系数和显著程度，并同时报告了资本结构、市账比、规模和盈利能力对结果的控制程度，回归过程为：

$R_{i,t} = \beta_1 + \beta_2 RM_t + \gamma_{i,t} XR_t + \beta_3 Lev_{i,t} + \beta_4 SIZE_{i,t} + \beta_5 Ind_{i,t} + \beta_6 FS_{i,t} + \beta_7 MKBK_{i,t} + \beta_8 PRMARGIN_{i,t} + \varepsilon_{i,t}$

$CCF_{i,t} = \beta_1 + \gamma_{i,t} XR_t + \beta_2 Lev_{i,t} + \beta_3 SIZE_{i,t} + \beta_4 Ind_{i,t} + \beta_5 PRMARGIN_{i,t} + \beta_7 FS_{i,t} + \varepsilon_{i,t}$

然后，将回归出的汇率风险敞口系数提出，用经营对冲对其进行解释，并报告了结果，回归过程为：

$\gamma_{i,t} = \beta_1 + \beta_2 O_{i,t} + \varepsilon_{i,t}$

表中，与每个参数名称对齐的为变量对应各个模型下的参数估计值，下一行（）内表示的是参数估计的t检验值；***代表该参数值在1%置信水平下显著。**代表该参数值在5%置信水平下显著。

从以上分析看到，采取了经营对冲的公司受汇率波动影响较小，经营对冲对公司的汇率风险敞口具有较强的解释力度。接下来，为了使这个结论更为稳健可靠，我们从另一个角度分析，凸显经营对冲的重要性。我们比较了跨国公司与非跨国公司的汇率风险敞口，并发现经营对冲是两者产生差异的重要因素，从另一个角度说明了经营对冲对于非跨国公司汇率风险管理的重要性。具

体分析如下。

表 5-6 报告了当使用股票回报模型时非跨国公司和跨国公司的汇率风险敞口差异。从表 5-6 中看到，当使用月度数据回归时，非跨国公司并没有显著受到汇率波动的影响，系数为 -1.69，t 值为 -0.13。而跨国公司则显著受到汇率波动的影响，系数为 -8.54，t 值为 -2.19。不仅如此，在显著样本占比方面，跨国公司有 13% 的样本表现出对汇率波动敏感，而非跨国公司仅有 6%。当使用季度数据回归时，情况发生了反转，汇率波动显著影响了非跨国公司，其影响系数为 -0.17，t 值为 -3.2。跨国公司也显著受到了汇率波动的影响，影响系数为 1.55，t 值为 3.07。尽管跨国公司和非跨国公司在 1% 的显著水平下都显著受到汇率波动的影响，但非跨国公司受影响的面更广泛，达到了 40%，而跨国公司仅为 9%。这是一个乍看十分费解的现象。当使用月度数据时，跨国公司汇率风险敞口高于非跨国公司。这并不难理解，跨国公司有更多的外汇交易，直接受到汇率波动的影响，因此汇率风险敞口更大比较符合情理。为什么当使用季度数据回归后非跨国公司的汇率风险出现了上升而跨国公司的汇率风险出现了下降呢？这很有可能是因为跨国公司受到汇率波动更剧烈，这些公司本身也有一定的风险防范意识，因此采用了一定的汇率风险管理方法，缓解了汇率波动对公司的影响。而非跨国公司首先风险意识较差，没有意识到汇率风险的存在。其次汇率风险管理水平较低，当风险发生时不能对风险进行有效的控制。因此，当使用季度敞口时非跨国公司表现出了较高的汇率风险敞口。

表 5-6　跨国公司和非跨国公司的汇率风险敞口——股票回报模型

变量	月度数据	显著样本数量	显著样本比例	季度数据	显著样本数量	显著样本比例
股票回报模型——非跨国公司							
$XR_{i,t}$	-1.691 (-0.13)	26	6%	-0.713 (-3.20***)	175	40%
$R_{m,t}$	1.007 (124.71***)			1.126 (108.71***)		

续表

股票回报模型——非跨国公司

变量	月度数据	显著样本数量	显著样本比例	季度数据	显著样本数量	显著样本比例
LEV	0.001 (1.32)			0.027 (7.88)		
PRMARGIN	0.002 (0.36)			0.002 (1.52)		
SIZE	-0.001 (-2.80***)			-0.009 (-6.03)		
MKBK	0.007 (1.57)			0.003 (2.85)		
Prob > F	0			0		
R-square	0.34			0.31		

股票回报模型——跨国公司

变量	月度数据	显著样本数量	显著样本比例	季度数据	显著样本数量	显著样本比例
$XR_{i,t}$	-8.542 (-2.19**)	53	13%	1.556 (3.07***)	36	9%
$R_{m,t}$	1.027 (44.76***)			1.008 (41.35***)		
LEV	0.004 (0.42)			0.004 (0.23)		
PRMARGIN	0.010 (1.66*)			0.029 (1.85*)		
SIZE	-0.007 (-0.32)			0.006 (1.40)		
MKBK	0.004 (5.83***)			0.017 (10.71***)		

续表

股票回报模型——跨国公司					
变量	月度数据	显著样本数量	显著样本比例	季度数据	显著样本数量	显著样本比例
FS	-2.391 (-0.52)			-1.872 (-1.64*)		
Prob > F	0			0		
R - square	0.29			0.37		

注：本表报告了394家上市的非跨国公司和413家上市的跨国公司的股票回报率在2006~2014年受美元波动影响的系数和显著程度，并同时报告了资本结构、市账比、规模和盈利能力对结果的控制程度，回归过程为：

$R_{i,t} = \beta_1 + \beta_2 RM_t + \gamma_{i,t} XR_t + \beta_3 Lev_{i,t} + \beta_4 SIZE_{i,t} + \beta_5 Ind_{i,t} + \beta_6 FS_{i,t} + \beta_7 MKBK_{i,t} + \beta_8 PRMARGIN_{i,t} + \varepsilon_{i,t}$

表中，与每个参数名称对齐的为变量对应各个模型下的参数估计值，下一行（）内表示的是参数估计的 t 检验值；*** 代表该参数值在1%置信水平下显著。** 代表该参数值在5%置信水平下显著。

表5-7进一步用现金流模型进行了分析。在表5-7中，我们用现金流模型估算了跨国公司和非跨国公司的汇率风险敞口。当使用月度数据时，非跨国公司显著受到汇率波动的影响，其影响系数为2.02，t 值为1.75。跨国公司也显著受到了汇率波动的影响，其影响系数为4.11，t 值为1.65。同时，在非跨国公司中，显著受到汇率风险影响的样本占总样本的32%，跨国公司中显著受到汇率波动影响的样本占到总样本的88%。这一结果与用股票模型计算的汇率风险敞口的结果相一致，即使用月度数据时跨国公司表现出了更高的汇率风险。当使用季度数据时，非跨国公司显著受到汇率波动的影响，其影响系数为3.33，t 值为4.1，而跨国公司也显著受到了汇率波动的影响，其汇率风险系数为2.23，t 值为1.96。虽然两者都受到了汇率波动的影响，但无论是从 t 值还是系数都能看到非跨国公司受汇率风险的影响更大。同时，非跨国公司中显著受到影响的公司占到总样本的66%，而跨国公司显著受到汇率波动影响的公司仅占到总样本的41%。这一结果也与股票回归模型相同，即使用季度数据时，非跨国公司表现出了更高的汇率风险。

汇率波动、竞争机制与非跨国公司汇率风险

表 5-7   跨国公司和非跨国公司的汇率风险敞口——现金流模型

现金流模型 - 非跨国公司					
变量	月度数据	显著样本数量	显著样本比例	季度数据	显著样本数量	显著样本比例
$XR_{i,t}$	2.023 (1.75*)	140	32%	3.333 (4.10***)	289	66%
LEV	-4.021 (-2.91***)			-3.692 (-2.74***)		
PRMARGIN	6.236 (0.08)			0.508 (0.08)		
SIZE	3.088 (5.67***)			2.881 (4.89***)		
MKBK	1.579 (3.47***)			1.766 (3.69***)		
Prob > F	0			0		
R-square	0.3			0.29		

现金流模型 - 跨国公司					
变量	月度数据	显著样本数量	显著样本比例	季度数据	显著样本数量	显著样本比例
$XR_{i,t}$	4.116 (1.65*)	195	88%	2.233 (1.96**)	167	41%
LEV	-7.259 (-9.64***)			-3.812 (-4.07***)		
PRMARGIN	-1.743 (-3.51***)			-1.087 (-1.53)		
SIZE	1.425 (7.48***)			2.081 (9.80***)		
MKBK	-1.981 (-3.33***)			3.169 (0.44)		
FS	0.041 (11.71***)			0.086 (17.33***)		
Prob > F	0			0		
R-square	0.28			0.32		

注：本表报告了 394 家上市的非跨国公司和 413 家上市的跨国公司的现金流量在 2006~2014 年受美元波动影响的系数和显著程度，并同时报告了资本结构、市账比、规模和盈利能力对结果的控制程度，回归过程为：

$$CCF_{i,t} = \beta_1 + \gamma_{i,t} XR_t + \beta_2 Lev_{i,t} + \beta_3 SIZE_{i,t} + \beta_4 Ind_{i,t} + \beta_5 PRMARGIN_{i,t} + \beta_7 FS_{i,t} + \varepsilon_{i,t}$$

表中，与每个参数名称对齐的为变量对应各个模型下的参数估计值，下一行（）内表示的是参数估计的 t 检验值；*** 代表该参数值在 1% 置信水平下显著。** 代表该参数值在 5% 置信水平下显著。

股票模型和现金流模型分别都表现出跨国公司汇率风险会在一段时间后低于非跨国公司的现象,说明这并不是一个偶然的现象,那么出现这种现象的原因是不是因为跨国公司采取了有效的汇率风险控制手段呢?我们将继续使用回归分析的方式来分析经营对冲对跨国公司和非跨国公司的汇率风险敞口解释力度。

接下来我们使用维拉隆(Villalonga,2004)的方法对跨国公司和非跨国公司的样本按照规模和所处行业进行倾向评分配对。该方法使用概率单位模型以所处行业和公司规模为控制变量将跨国公司与非跨国公司进行配对,得到匹配的公司共计833家。可见,配对后的样本仍旧十分充足,可以用于回归分析。

本书最关注的是配对样本中跨国公司和非跨国公司的汇率风险敞口的比较,在表5-8中我们列出了回归分析的数据。我们将配对样本细分为跨国公司和非跨国公司,从表中可见,跨国公司和非跨国公司都显著受到汇率风险的负向影响。但令人惊讶的是,非跨国公司的汇率风险敞口无论在全样本还是配对样本中都明显高于跨国公司,t值也明显高于跨国公司。现有研究中比较流行的观点是公司的汇率风险敞口与其国际化经营的程度成正相关关系,祖卡斯(Doukas,1999);阿莱亚尼斯和奥菲克(2001);法夫和马歇尔(Faff and Marshall,2005)等均支持这一观点。但是本书使用中国的数据发现了截然不同且出乎意料的现象,即非跨国公司的汇率风险显著大于跨国公司。

表5-8 跨国公司与非跨国公司按行业分类汇率风险敞口

分类	跨国公司		非跨国公司	
	风险敞口	t值	风险敞口	t值
配对样本	-0.285	-4.861***	-0.364	-4.954***
公用事业	-0.316	-0.740	0.228	0.696
房地产业	0.595	1.576	0.099	0.312

▶▶ 汇率波动、竞争机制与非跨国公司汇率风险

续表

分类	跨国公司		非跨国公司	
	风险敞口	t 值	风险敞口	t 值
综合	-0.436	-1.22	0.115	0.326
工业	-0.297	-4.833***	0.080	-4.969***
商业	-0.415	-1.179	-0.969	-2.398**

注：本表将样本分为五个行业，分别报告了它们在 2006~2014 年的汇率风险敞口和显著性，回归过程为：

$CCF_{i,t} = \beta_1 + \gamma_{i,t} XR_t + \beta_2 Lev_{i,t} + \beta_3 SIZE_{i,t} + \beta_4 Ind_{i,t} + \beta_5 PRMARGIN_{i,t} + \beta_7 FS_{i,t} + \varepsilon_{i,t}$。

表中，t 值行内表示的是参数估计的 t 检验值；*** 代表该参数值在 1% 置信水平下显著，** 代表该参数值在 5% 置信水平下显著，* 代表该参数值在 10% 置信水平下显著。

然而本书的结论虽然令人惊讶却并不难以理解。夏皮罗（2006）认为跨国公司常常使用多个币种进行交易，这些币种同时出现升值或贬值的可能性并不大，因此在交易过程中各个币种产生的汇率风险会自然的抵消。与夏皮罗（2006）持类似观点的还有杜马斯（1978），他认为跨国公司在控制汇率风险上比非跨国公司更为灵活，例如某生产地区由于汇率的上升导致生产成本增加，公司可以通过调配不同生产地区之间的产量来平衡这一风险，而非跨国公司则别无选择，只能在本土进行生产。因此，跨国公司有能力利用公司的特性在生产经营中使用经营对冲的方式来控制风险。

表 5-8 还进一步将匹配样本分行业进行了列示，其结果与总匹配样本相近。在跨国公司中仅有工业公司的汇率风险敞口在 1% 的显著水平下表现出显著的特点，而在非跨国公司中，不仅仅是工业公司在 1% 的显著水平下显著受到汇率风险的影响，商业公司在 5% 的显著水平下也显著受到汇率风险的影响。工业和商业比起其他行业显著受到汇率波动影响的原因可能是工业和商业的国际化程度更高，国际竞争更为激烈，容易受到汇率波动的影响。

在这一部分我们想要找出跨国公司的汇率风险敞口低于非跨国公司的原因。汇率风险的大小除了和公司性质如规模、行业等相关之外还和公司的汇率风险控制力度有关。汇率风险控制方法分为金融对冲和经营性对冲，在我们的配对样本中，有 224 家公司在年报里披露了使用金融对冲的相关内容，其中

186家为跨国公司，占到使用金融对冲的公司的83%，说明跨国公司的汇率风险控制意识要显著高于非跨国公司。潘赞利（2001）以公司使用的外币种类代表公司是否进行运营对冲，称为公司的"货币宽度"。本书对配对样本的公司进行货币宽度统计，由于数据有限，公司最多只披露五个主要外币，其他外币种类统一计入"其他外币"中。样本中有283家公司的货币宽度大于或等于3种，其中跨国公司有218家，占到总体的77%。

表5-9为对冲方法与风险控制的回归分析，表中左边两列是配对的全样本的回归分析，从中可以看到在对是否使用金融对冲和是否使用运营对冲进行控制以后，MNC的系数并不显著，即是否为跨国公司对公司的汇率风险大小影响并不明显，也就是说"跨国"并不是公司的汇率风险大小的关键因素。

表5-9　　　　　　　　　　　对冲方法与汇率风险敞口

变量	配对	t值	跨国公司					
			所有敞口	t值	正向敞口	t值	负向敞口	t值
MNC	0.678	1.231						
$F_{i,t}$	-0.363	-0.574	-1.052	-1.352	-0.996	-0.701	-0.761	-1.286
$O_{i,t}$	-0.391	-0.772	-1.263	-1.848*	-2.238	-1.796*	0.079	0.153
$F_{i,t} \times O_{i,t}$	0.206	0.232	0.994	0.956	1.084	0.564	0.574	0.722
			非跨国公司					
			所有敞口	t值	正向敞口	t值	负向敞口	t值
$F_{i,t}$			0.809	-0.679	-0.125	-0.875	1.523	0.753
$O_{i,t}$			0.604	-0.766	-0.569	-1.177	1.253	0.912
$F_{i,t} \times O_{i,t}$			-0.641	-0.333	0.832	0.706	-1.790	-0.541

注：本表上半部分左侧两列报告了配对样本304家上市的跨国公司和非跨国公司汇率风险敞口与金融对冲和经营对冲的关系，回归过程为：

$$\gamma_{i,t} = \infty_1 + \beta_{mnc}MNC_{i,t} + \beta_d D_i + \beta_o O_i + \beta_b D_i \times O_i + \varepsilon_{i,t}$$

上半部分右侧则报告了配对样本中跨国公司的汇率风险敞口与金融对冲和经营对冲的关系，回归过程同左侧两列。下半部分右侧报告了配对样本中非跨国公司的汇率风险敞口与金融对冲和经营对冲的关系，回归过程同左侧两列。

表中，与每个参数名称对齐行的为变量对应各个模型下的参数估计值，t值行内表示的是参数估计的t检验值；*** 代表该参数值在1%置信水平下显著，** 代表该参数值在5%置信水平下显著，* 代表该参数值在10%置信水平下显著。

无论对于跨国公司还是非跨国公司，金融对冲对汇率风险敞口的影响均不显著。这一结果可能是由于公司年报信息披露不充足，不准确造成的。在对公司进行是否使用金融对冲进行数据整理时我们发现了很多奇怪的现象，例如公司在附注中明确表明制定了《外汇远期管理办法》《外汇远期内部风险控制》等等，但并没有在报表里体现出这些外汇远期的损益。再如，一些公司在财经新闻中多次被提及使用外汇衍生工具，但在年报中却没有任何相关披露，如中国航空等。但无论如何，金融对冲的系数为负，说明金融对冲在缓解汇率风险敞口上起到的是正向的作用。

本书主要关注在控制了金融对冲对汇率风险的影响之后，经营对冲方法是否对公司的汇率风险大小产生影响，并成为跨国公司的汇率风险低于非跨国公司的原因。在表5-9中可以看到对全部匹配的跨国公司样本进行回归发现在10%的显著性水平下，经营对冲对公司的汇率风险大小产生显著的负向影响，即使用经营对冲方法会降低公司的汇率风险。在单独对匹配的且敞口为正的跨国公司样本进行回归时也得到了同样的结论，这说明，经营对冲对跨国公司的汇率风险控制的确起到了积极的作用。而在非跨国公司方面，经营对冲却没有起到显著地作用，无论是正向敞口、负向敞口还是全匹配样本下均不显著。

总体来说，这一部分的数据分析说明跨国公司的汇率风险敞口低于非跨国公司，很有可能是跨国公司良好地运用了经营对冲方法造成的。因此，非跨国公司想要缓解汇率风险同时缩小与跨国公司的汇率风险管理差距应该从经营对冲入手，这从另一个方面说明了经营对冲非跨国公司汇率风险管理的重要性。

5.4.2 稳健性检验

为了证明本书的结果是稳健可靠的，本书在证明过程中采用了股票回报模型和现金流模型分别进行了检验，结果表明无论是哪一个模型都能明确观察到经营对冲能有效地帮助非跨国公司缓解汇率风险。同时，本书采用了月度数据和季度数据进行了分别的汇率风险评估，并用经营对冲变量对其进行解释，结

第5章 非跨国公司的汇率风险管理

果也证明了无论是月度数据还是季度数据，经营对冲始终对公司的汇率风险敞口具有较强的解释能力。为了进一步使得结果稳健，证明经营对冲对非跨国公司的重要性，本书将跨国公司和非跨国公司汇率风险敞口进行了比较，发现非跨国公司汇率风险敞口更高，且产生高敞口的原因是非跨国公司没有有效的使用经营对冲作为汇率风险管理手段。这从另一个方面证明了经营对冲对非跨国公司的重要性，同时说明了本章的结论：经营对冲帮助非跨国公司缓解了汇率风险是稳健可靠的。相关的回归结果均在上文各表中进行了分别的列示，在此不再重复列示。

同时，由于本书计算公司的汇率风险敞口采用的是面板数据，因此基于面板数据的特点，本书对模型进行了两种检验（见表5-10）。第一，旨在检验模型的稳定性。本书使用LLC检验分别检验各变量在面板数据中是否存在不稳定性经过检验发现，所有变量P值都为0，都拒绝了原假设，说明数据是稳定的。进一步，本书用怀特检验对模型进行了异方差性检验，同样P值为0，说明不存在异方差性。

表5-10 稳定性检验与怀特检验

变量	Unadjusted t	Adjusted t*	p-value
$R_{i,t}$	-64.6821	-52.0758	0
$CCF_{i,t}$	-35.0431	-19.9293	0
$R_{m,t}$	-58.4555	-45.7879	0
$XR_{i,t}$	-40.5372	-38.9998	0
LEV	-41.5794	-34.1736	0
SIZE	-30.3202	-27.2771	0
FS	-1.20E+04	-1.30E+04	0
MKBK	-1.60E+02	-1.70E+02	0
PRMARGIN	-43.5375	-25.3206	0
White test			0

以上检验说明本书的结论是稳健可靠的。

5.5 本章小结

在实证章节的第 3 章和第 4 章，我们证明了汇率波动会对非跨国公司造成影响，给这些公司带来汇率风险，同时汇率风险是通过竞争机制传导的。在本章，我们想要寻求帮助非跨国公司缓解汇率风险的方法。理论上关于汇率风险管理方式主要有三种：金融对冲、经营对冲和盈余管理。由于对于非跨国公司来说，汇率主要是通过竞争机制这一日常经营活动来传递的，因此理论上经营对冲是更适合非跨国公司的汇率风险管理方法。本章从此处入手，研究了经营对冲对非跨国公司汇率风险的作用。

本章首先将采取了经营对冲的公司和未采取经营对冲的公司进行分别分析，发现采取了经营对冲的公司其汇率风险敞口的大小，汇率风险敞口的显著程度以及受汇率风险影响的公司比例都要显著低于未采取经营对冲的公司。这说明使用了经营对冲的公司在汇率风险控制上有更好的表现。我们继续研究经营对冲对非跨国公司汇率风险敞口的解释力度，设立了经营对冲的哑变量，发现无论是使用现金流模型来估算公司汇率风险敞口还是用股票模型来估算公司的汇率风险敞口，经营对冲对其都有非常显著的解释力度，且作用是负向的。即采取了经营对冲的公司汇率风险更低。这说明，经营对冲切实帮助非跨国公司缓解了汇率风险。经营对冲是非跨国公司重要的汇率风险管理手段。为了更进一步地证明经营对冲对非跨国公司的重要性，我们对非跨国公司和跨国公司进行了倾向得分匹配的对比研究。我们将跨国公司和非跨国公司按照规模和所处行业进行配对，比较两者的汇率风险敞口，惊讶地发现非跨国公司的汇率风险敞口竟然要高于跨国公司，而在控制了金融对冲之后发现，跨国公司由于使用了经营对冲使得汇率风险降低，而非跨国公司由于经营对冲使用得不够充分使得其汇率风险敞口要高于跨国公司。这从另一个角度再次证明了经营对冲对非跨国公司的重要性。

本章的贡献在于，前人的研究仅仅提到了非跨国公司会受到汇率波动的影响，而从未提出过和实证过对于非跨国公司的有效的汇率风险管理方法。本书从三个角度分别证明了经营对冲是非跨国公司汇率风险管理的有效方式，不仅仅为非跨国公司的汇率风险管理给予了理论的指导，提供了管理的工具。还对汇率风险管理理论进行了有效的补充，将汇率风险管理理论的适用范围由跨国公司拓展至非跨国公司。

第 6 章

结 论

6.1 研究结论

本书在前人研究的基础上以中国上市的非跨国公司为研究对象，首先研究非跨国公司是否受到汇率波动的影响。在明确了汇率波动对非跨国公司的影响之后进一步研究影响的路径和作用的机理。最后提出了一个对于非跨国公司来说行之有效的汇率风险管理方法。

6.1.1 汇率波动对非跨国公司的影响

在股票回报率方面我们发现，美元、欧元和港币的波动对非跨国公司股票回报率均有影响，且影响具有滞后性，在滞后三个月窗口期显著影响公司，影响方向为负。但这并不说明滞后一年期窗口期内，汇率波动对公司股票回报率的影响消失，我们发现滞后为一年时，受汇率波动影响的公司数量有两到三倍的上升，因此统计上表现出的不显著可能是正向影响和负向影响相互抵消造成的，而并不是经济意义上的影响消失。其次，我们与以美国非跨国公司为样本的研究进行对比发现，在我国这样一个汇率受到行政强烈干预的国家，汇率波动对公司股票回报率的影响要远高于美国。

在现金流量方面，我们发现，无论是美元、欧元还是港币，无论是波动当月，滞后三月还是滞后一年，汇率波动都显著影响了公司的现金流量。且汇率波动对公司现金流量的影响是正向的。之所以汇率波动对股票回报率的影响和对现金流的影响方向不同，主要是由于股票回报率受诸多因素的控制，不仅仅是公司本身的收入和价值，还受到投资者预期的影响。对于投资者来说，无论公司是否受益于人民币升值，只要人民币波动对公司来说就是一种风险，只要存在风险就可能带来损失。因此投资者降低了对公司的估值，使得公司股票回报率变为负向。而现金流则不同，只要人民币波动给公司带来了现金流的增加其影响就一定是正向的。尽管影响方向不同，但我们看到无论是现金流还是股票回报率，都是显著受到汇率波动影响的，这一点毋庸置疑。另外，我们看到汇率波动对我国公司现金流的影响主要是正向的，受到正向影响的公司占到了样本的大多数。这说明这一类公司的生产原料很多是需要进口材料加工而成的，（例如房地产公司，其建造房屋的钢材虽然是用人民币购买的，但是生产钢材需要的铁矿石是进口的）当人民币升值时，这些公司的成本降低，收入增加，现金流增加。为了验证这一猜想，我们对受正向影响的公司所处的行业进行了统计，发现大部分的公司都来自于房地产开发与经营业、房地产建筑业、贵金属冶炼业、计算机软件开发与咨询业、水泥制造业、稀有稀土金属冶炼业等。

接着我们对汇改前和汇改后，汇率波动对我国公司的影响进行了对比，我们发现，首先在汇率波动对公司股票回报率的影响方面，无论汇改前还是汇改后，汇率波动都显著影响公司的股票回报率。在现金流方面，无论汇改前还是汇改后，汇率波动也都显著影响公司的现金流，且持续正向影响。同时我们看到，汇改后影响的显著性出现明显的降低，说明汇率改革降低了汇率波动对公司的影响。

6.1.2 汇率波动对非跨国公司的传递路径

首先，竞争能力对公司的汇率风险敞口具有很强的解释能力，竞争机制是非跨国公司汇率风险的传导机制之一。同时我们看到，在我国，非跨国公司的竞争能力与公司的汇率风险敞口是负相关关系，即竞争能力越低汇率风险敞口越大。在人民币升值期间，外来商品的价格相对降低，竞争能力提高，挤压了本土商品的市场，使得本土商品的竞争能力降低，收入降低，汇率风险增加。

其次，为了保证结果的稳健性，本书将样本按照规模分为三部分，分别是大型公司，中型公司和小型公司。由于前人研究提到，公司规模会影响到竞争能力对公司汇率风险敞口的解释力度，因此本书将小型公司与大型公司进行比较，观察是否存在差异。实证结果表明，大公司的竞争能力更能解释大公司的汇率风险敞口，小公司的竞争能力虽然也能解释小公司的汇率风险敞口，但并不如大公司那样显著。

再次，理论研究提到，竞争机制是非跨国公司最重要的汇率传导机制。本书也想要为这一理论观点提供有力的实证证据。本书选择了外汇交易大于30%的公司为跨国公司，将这些公司与非跨国公司进行比较。研究发现，竞争能力对非跨国公司的解释力度要远远高于跨国公司，同时而海外销售收入占比对非跨国公司的汇率风险没有解释力度。这说明，竞争能力对于非跨国公司起到了更重要的作用，是非跨国公司汇率风险的主要来源。

最后，本书讨论了竞争机制在不同行业之间的差别。发现竞争机制并不能作用于所有的非跨国公司所处的行业。首先，并不是所有的非跨国公司所处行业都存在汇率风险，本书发现显著受到影响的行业为农、林、牧、渔业，采矿业，制造业，电力、热力、燃气及水生产和供应业，批发零售业，交通运输、仓储和邮政业，住宿和餐饮业以及房地产业。其中农、林、牧、渔业，制造业，批发零售业，交通运输、仓储和邮政业以及住宿和餐饮业是显著受到竞争能力影响的行业，这些行业的重要特点是行业产品中有国内产品和外来产品有充分的竞争，且两种产品之间的可替代性较强。因此，本书认为，竞争机制并不是在所有行业都能产生传导效应，这种机制在产品替代性强的行业才能充分发挥作用。

6.1.3 非跨国公司的汇率风险管理

本书将采取了经营对冲的公司和未采取经营对冲的公司进行分别分析，发现采取了经营对冲的公司其汇率风险敞口的大小，汇率风险敞口的显著程度以及受汇率风险影响的公司比例都要显著低于未采取经营对冲的公司。这说明使用了经营对冲的公司在汇率风险控制上有更好的表现。但这并不能说明一定是经营对冲起到了关键作用，因为我们无法从汇率风险敞口的估算上得知经营对冲对这些公司的汇率风险敞口的影响力度。因此，我们进一步研究经营对冲对公司汇率风险敞口的解释力度，设立了经营对冲的哑变量，发现无论是使用现金流模型来估算公司汇率风险敞口还是用股票模型来估算公司的汇率风险敞口，经营对冲对其都有非常显著的解释力度，且作用是负向的。即采取了经营对冲的公司汇率风险更低。这说明，经营对冲切实帮助非跨国公司缓解了汇率风险。经营对冲是非跨国公司重要的汇率风险管理手段。

为了更进一步地证明经营对冲对非跨国公司的重要性，我们对非跨国公司和跨国公司进行了倾向得分匹配的对比研究。我们将跨国公司和非跨国公司按照规模及所处行业进行配对，比较两者的汇率风险敞口，惊讶地发现非跨国公司的汇率风险敞口竟然要高于跨国公司，而在控制了金融对冲之后发现，跨国公司由于使用了经营对冲使得汇率风险降低，而非跨国公司由于经营对冲使用的不够充分使得其汇率风险敞口要高于跨国公司。这从另一个角度再次证明了经营对冲对非跨国公司的重要性。

6.2 政策建议

基于以上研究，本书从以下几个维度提出一些政策建议。

建议非跨国公司提高汇率风险防范意识，积极采用汇率风险管理方法。

首先，对于非跨国公司来说，应该给予汇率风险足够的重视。非跨国公司由于外汇交易较少往往会忽略了汇率风险，殊不知非跨国公司的汇率风险并不是通过外汇交易传导的而是通过市场竞争传导的。这种间接的传导方式使得非跨国公司往往忽略了汇率风险的存在。本书的研究结论表明，非跨国公司是存在汇率风险的，因此，从这一方面来说，希望非跨国公司给予汇率风险足够的重视。

其次，非跨国公司应该使用经营对冲对汇率风险进行控制。本书发现经营对冲对于非跨国公司来说是十分行之有效的汇率风险控制方法，然而使用这一方法进行汇率风险管理的公司占比较低。因此，希望非跨国公司积极采取经营对冲的方式来应对汇率风险。例如加大海外融资比例，根据汇率变化调整销售策略等等。同时加大对管理层的培训，提高管理层的风险管理意识和风险管理能力，对汇率风险进行系统的、全面化的控制。

建议监管机构继续贯彻执行汇率市场化的改革思路，同时加强企业管理层关于汇率风险的培训。

再次，对于监管机构来说，应该坚定地进行更深层次的汇率改革。现行的汇率改革政策是十分有效的，帮助了非跨国公司缓解了汇率风险，说明市场化的汇率波动是有助于企业发展的，应该继续贯彻该政策。

最后，监管层应该引导企业积极应对汇率风险。我国的非跨国公司汇率风险管理意识较差，汇率风险管理能力较弱，监管层在制定合适的汇率波动政策之余也应该充分认识到汇率波动对我国非跨国公司的影响，组织专家学者对这些公司的管理层进行关于汇率风险管理的培训。

6.3 局限性及研究展望

本书有以下几点局限性，并据此提出进一步的研究展望。

第一，关于非跨国公司汇率风险传递路径的研究较为单一，仅仅研究了对于非跨国公司来说更容易被找到和发现的流量传导机制中的竞争传递。非跨国公司作为股票市场中的一员，当进入整个股市的资金量发生变化时，这些非跨国公司也势必会受到影响，也就是说从理论上，存量传导模型是同样可以作用于非跨国公司的。但是由于数据的缺乏，很难找到海外资金进入个股或退出个股的证据，使得关于存量传导机制的实证研究难以展开。在未来的研究中，笔者致力于寻找合适的数据，对非跨国公司的汇率风险传递路径进行进一步的深化研究。

第二，在研究经营对冲的过程中，对经营对冲的数据收集维度不够丰富。

这是由于经营对冲是十分难以被观察到的，例如由于竞争压力改变产品结构，改变广告费用的投入，加大促销的力度，替换原料供应商等等的经营对冲行为很难在财务报表、公告等公开数据中获得。只有海外融资这一经营对冲行为是比较容易在公告中看到的。这一数据的不足可能使得文章的结论具有一定的局限性。在未来的研究中，笔者拟采用问卷调查的方式对公司的经营对冲行为进行观察，在收集到一定量有效数据后继续对经营对冲展开研究。

第三，在展开关于非跨国公司汇率风险管理的研究时仍然基于的是现有的关于跨国公司的汇率风险管理理论，该理论主要基于跨国公司的特点形成，对非跨国公司来说针对性可能不够强。在未来的研究中，笔者将继续努力，从非跨国公司的特点出发，形成更适合于非跨国公司的汇率风险管理理论。

参 考 文 献

[1] 陈六傅,钱学锋,刘厚俊. 人民币实际汇率波动风险对我国各类企业出口的影响 [J]. 数量经济技术经济研究, 2007 (7).

[2] 陈学胜,周爱民. 新汇率体制下中国上市公司外汇风险暴露研究 [J]. 经济管理, 2008, 8.

[3] 戴觅,徐建炜,施炳展. 人民币汇率冲击与制造业就业 [J]. 管理世界, 2013 (11).

[4] 郭飞,王晓宁,马瑞. 金融对冲、经营对冲和公司价值 [J]. 中南财经政法大学学报, 2013, No. 198 (3).

[5] 郭飞,肖浩,史永. 为什么人民币汇率波动的影响不显著?——基于美的电器的案例研究 [J]. 管理世界, 2014 (10).

[6] 郭飞,徐燕. 对冲和风险管理动机:中国上市公司衍生工具使用的实证研究 [J]. 会计论坛, 2010 (1).

[7] 郭飞. 外汇风险对冲和公司价值:基于中国跨国公司的实证研究 [J]. 经济研究, 2012 (9).

[8] 黄金老. 论金融脆弱性 [J]. 金融研究, 2001 (3).

[9] 黎亮. 人民币实际汇率波动对中美贸易收支的影响:基于1990~2009年时间序列分析 [J]. 经济与管理, 2012 (5).

[10] 李宏彬,马弘,熊艳艳,徐媛. 人民币汇率对企业进出口贸易的影响——来自中国企业的实证研究 [J]. 金融研究, 2011 (2).

[11] 李伟. 中央企业金融衍生产品业务管理问题及风险防范 [N]. 学习时报, 2009-11-30.

[12] 卢向前,戴国强. 人民币实际汇率波动对我国进出口的影响:1994~

2003［J］.经济研究，2005（5）.

［13］罗航，江春.人民币新汇率形成机制下的上市公司外汇风险暴露［J］.中南财经政法大学学报，2007（4）.

［14］马君潞，王博，杨新铭.人民币汇率变动对我国出口贸易结构的影响研究——基于SITC标准产业数据的实证分析［J］.国际金融研究，2010（12）.

［15］毛日昇.人民币实际汇率变化如何影响工业行业就业［J］.经济研究，2013（3）.

［16］潘雅琼.企业外汇风险评估——以钢铁行业为例［J］.经济与管理研究，2008（11）.

［17］汤艳.人民币升值对我国股市的影响［J］.财会月刊，2007，10（456）.

［18］王自锋，邱立成.人民币汇率水平与波动程度对我国出口的影响［J］.中南财经政法大学学报，2009（4）.

［19］肖作平.上市公司债务期限结构影响因素分析［J］.证券市场导报，2005（3）.

［20］徐婷芳.人民币汇率传递、公司特征与公司汇率风险敞口——来自中国上市公司的经验证据［D］.北京：中国人民大学商学院，2013.

［21］张会清，唐海燕.人民币升值、企业行为与出口贸易——基于大样本企业数据的实证研究：2005～2009［J］.管理世界，2012（12）.

［22］张瑞君，徐展.跨国企业汇率风险控制的新途径——盈余管理［J］.现代财经，2017（2）.

［23］张瑞君，徐展.无外汇交易企业真的没有汇率风险吗？——来自中国上市公司的实证研究［J］.会计研究，2016（2）.

［24］赵星，王相宁.我国制造业上市企业的外汇风险暴露实证研究［J］.中国科学技术大学学报，2013（9）.

［25］中国人民银行货币政策司：《企业规避风险情况调查》，http：//www.pbc.gov.cn/publish/zhengcehuobisi/640/1374/.

［26］Adam T，S. Dasgupta and S. Titman. 2007. Financial Constraints，Competition and Hedging in Industry Equilibrium [J]. Journal of Finance 62: 2445 - 2473.

［27］Adler M and B. Dumas. 1984. Exposure to Currency Risk: Definition and Measurement. Financial Management Summer, 41 - 50.

［28］Aggarwal R. 1976. Financial Policies for the Multinational Company. Praeger, New York.

［29］Aggarwal R. 1981. Exchange rates and stock prices: a study of U. S. capital markets under floating exchange rates [J]. Akron Business and Economic Review, 12 (3): 7 - 12.

［30］Aggarwal R and J. Harper. 2010 [J]. Foreign Exchange Exposure of Domestic Corporations [J]. Journal of International Money and Finance 29: 1619 - 1636.

［31］Ali A, S. Klasa and E. Yeung. 2009. The Limitations of Industry Concentration Measures Constructed with Compustat Data: Implications for Finance Research [J]. Review of Financial Studies 22: 3839 - 3871.

［32］Allayannis G. 1996. The time-variation of the exchange rate exposure: an industry analysis. Unpublished Working Paper, New York University, NY.

［33］Allayannis G, Ihrig J. 2001. Exposure and markups [J]. Review of Financial Studies, 14 (3): 805 - 835.

［34］Allayannis G, Ihrig J, Weston J P. 2001. Exchange - Rate Hedging: Financial versus Operational Strategies [J]. American Economic Review, 91 (2): 391 - 395.

［35］Allayannis G, U. Lei and D. Miller. 2012. The Use of Foreign Currency Derivatives, Corporate Governance, and Firm Value around the World [J]. Journal of International Economics 87: 65 - 79.

［36］Allayannis Y, Ofek E. 2001. Exchange rate exposure, hedging, and the use of foreign currency derivatives [J]. Journal of International Money and Finance 20: 273 - 296.

［37］Amihud and R. Levich Eds. Exchange Rates and Corporate Performance,

New York, NY, Irwin, 49-59.

[38] Amihud Y. 1994. Exchange rates and the valuation of equity shares. In: Amihud Y, Levich, R. M. (Eds.), Exchange Rates and Corporate Performance. Irwin, New York.

[39] Bahmani-Oskooee M, Payesteh S. 1993. Budget deficits and the value of the dollar: An application of cointegration and error-correction modeling [J]. Journal of Macroeconomics, 15 (4): 661-677.

[40] Barclay M J, Marx L M, Smith C W. 1997. Leverage and maturity as strategic complements [J].

[41] Barclay M J, Smith C W. 1995. The maturity structure of corporate debt [J]. the Journal of Finance, 50 (2): 609-631.

[42] Bartov E, Bodnar G M, Kaul A. 1996. Exchange rate variability and the riskiness of U. S. multinational firms [J]. Journal of Financial Economics, 42 (1): 105-132.

[43] Bartov E, G. Bodnar and A. Kaul. 1996. Exchange Rate Variability and the Riskiness of US Multinational Firms: Evidence from the Breakdown of the Bretton Woods System [J]. Journal of Financial Economics 42: 105-132.

[44] Bartov E and G. Bodnar. 1994. Firm Valuation, Earnings Expectations and the Exchange Rate Effect [J]. Journal of Finance 49: 1755-1785.

[45] Bartram S M, Bodnar G M. 2005. The foreign exchange exposure puzzle. Working paper, John Hopkins University and Lancaster University.

[46] Bartram S M, Brown G, Minton B. 2006. Resolving the exposure puzzle: the many facets of foreign exchange rate exposure. Working paper, Lancaster University, University of North Carolina and Ohio State University.

[47] Bartram S M, Brown G, Stulz R M. 2012. Why are US stocks more volatile? [J]. The Journal of Finance, 67 (4): 1329-1370.

[48] Bartram S M, Brown G W, Minton B A. 2009. Resolving the exposure puzzle: The many facets of exchange rate exposure [J]. Journal of Financial Economics, 95 (2): 148-173.

[49] Bartram S M, Frenkel M, Dufey G. 2005. A primer on the exchange rate exposure of nonfinancial firms to foreign exchange rate risk [J]. Journal of Multinational Financial Management 15 (4/5): 394 – 413.

[50] Bartram S M, Karolyi G. A. 2006. The impact of the introduction of the Euro on foreign exchange rate risk exposures [J]. Journal of Empirical Finance 13 (4 – 5): 519 – 549.

[51] Bartram S M. 2005. Foreign exchange rate exposure, hedging and cash flows. Working paper. Lancaster University.

[52] Bartram S M. 2008. What Lies Beneath: Foreign Exchange Rate Exposure, Hedging and Cash Flows [J]. Journal of Banking and Finance, Vol. 32 (8): 1508 – 1521.

[53] Bartram S M and G. M. Bodnar. 2007. The Exchange Rate Exposure Puzzle [J]. Managerial Finance 33: 642 – 666.

[54] Batra G, D. Kaufmann and A. Stone. 2003. The Firms Speak: What the World Business Environment Survey Tells Us about Constraints on Private Sector Development. Available at SSRN: http://ssrn.com/abstract =541388.

[55] Beck T, A. DemirgiiQ – Kunt and V. Maksimovic. 2005. Financial and Legal Constraints to Growth: Does Firm Size Matter? [J]. Journal of Finance 60: 137 – 177.

[56] Beck T, A. Demirgu – Kunt and V. Maksimovic. 2008. Financing Patterns around the World: Are Small Firms Different? [J]. Journal of Financial Economics 89: 467 – 487.

[57] Beck T, A. Demirgup – Kunt and V. Maksimovic. 2004. Bank Competition and Access to Finance: International Evidence [J]. Journal of Money, Credit and Banking 36: 627 – 648.

[58] Bergbrant, Campbell & Hunter. Firm – Level Competition and Exchange Rate Exposure 915.

[59] Bergbrant M and D. M. Hunter. 2013. Credit Market Constraints and Firms' Exchange Rate Exposure. University of South Florida Working paper.

[60] Bergbrant M C, Campbell K, Hunter D M. 2014. Firm – Level Competition and Exchange Rate Exposure: Evidence from a Global Survey of Firms [J]. Financial Management, 43 (4): 885 – 916.

[61] Bergstresser D, Philippon T. 2006. CEO incentives and earnings management [J]. Journal of financial Economics, 80 (3): 511 – 529.

[62] Bessembinder H. 1991. Forward contracts and firm value: investment incentive and contracting effects [J]. Journal of Financial and Quantitative Analysis, 26 (4): 519 – 532.

[63] Biais B and C. Gollier. 1997. Trade Credit and Credit Rationing [J]. Review of Financial Studies 10: 903 – 937.

[64] Black F, Scholes M. 1973. The pricing of options and corporate liabilities [J]. The Journal of Political Economy, 637 – 654.

[65] Bodnar G, Dumas B, Marston R. 1998. Pass-through and exposure. Unpublished Working Paper, University of Pennsylvania, Philadelphia.

[66] Bodnar G, Gentry W. 1993. Exchange rate exposure and industry characteristics: evidence from Canada, Japan, and the USA [J]. Journal of International Money and Finance 12: 29 – 45.

[67] Bodnar G, R. Dumas and R. Marston. 2002. Pass – Through and Exposure [J]. Journal of Finance 57: 199 – 231.

[68] Bodnar G M, Dumas B, Marston R C. 2002. Pass-through and exposure [J]. Journal of Finance, 57 (1): 199 – 231.

[69] Bodnar G M, G S Hayt and R C Marston. 1998. Wharton Survey of Financial Risk Management by US Non – Financial Firms [J]. Financial Management 27: 70 – 91.

[70] Bodnar G M, Wong, M. H. F. 2003. Estimating exchange rate exposures: some "weighty" issues [J]. Financial Management 32: 35 – 68.

[71] Bodnar G M and R. C. Marston. 2002. Exchange Rate Exposure: A Simple Model [J]. International Finance Review 3: 107 – 115.

[72] Brander J A and B. J. Spencer. 1985. Export Subsidies and International

Market Share Rivalry [J]. Journal of International Economics 18: 83 – 100.

[73] Branson W H. A model of exchange-rate determination with policy reaction: evidence from monthly data [J]. 1983.

[74] Bredin D, Hyde S, Reilly G O. 2010. Monetary policy surprises and international bond markets [J]. Journal of International Money and Finance, 29 (6): 988 – 1002.

[75] Brown G W. 2001. Managing Foreign Exchange Risk with Derivatives [J]. Journal of Financial Economics, 60 (2): 401 – 448.

[76] Campa J, Goldberg L S. 1995. Investment pass-through and exchange rates: a cross country comparison. Unpublished Working Paper d5139, National Bureau of Economic Research.

[77] Caspar J M and M. Massa. 2006. Idiosyncratic Volatility and Product Market Competition [J]. Journal of Business 79: 3125 – 3152.

[78] Chang F Y, Hsin C W, Shiah – Hou S R. 2013. A re-examination of exposure to exchange rate risk: The impact of earnings management and currency derivative usage [J]. Journal of Banking & Finance, 37 (8): 3243 – 3257.

[79] Choi J J, Prasad A M. 1995. Exchange risk sensitivity and its determinants: a firm and industry analysis of U. S. multinationals [J]. Financial Management, 24 (3): 77 – 88.

[80] Choi J J and Jiang C. 2009. Does Multinationality Matter? Implications of Operational Hedging for the Exchange Risk Exposure [J]. Journal of Banking & Finance, 33 (11): 1973 – 1982.

[81] Chow E, Chen H. 1998. The determinants of foreign exchange rate exposure: Evidence on Japanese firms [J]. Pacific – Basin Finance Journal 6: 153 – 174.

[82] Chow E, Lee W, Solt M. 1997a. The economic exposure of US multinational firms [J]. Journal of Finance Res, 20: 191 – 210.

[83] Chow E, Lee W, Solt M. 1997b. The exchange rate risk exposure of asset returns [J]. Journal of Business, 70 (1): 105 – 123.

[84] Clarida R. 1997. The real exchange rate and U. S. manufacturing profits:

a theoretical framework with some empirical support [J]. International Journal of Finance and Economics 2: 177-187.

[85] Clark E and Judge A. 2009. Foreign Currency Derivatives versus Foreign Currency Debt and the Hedging Premium [J]. European Financial Management, 15 (3): 606-642.

[86] Dekle R. 2005. Exchange Rate Exposure and Foreign Market Competition: Evidence from Japanese Firms [J]. Journal of Business 78: 281-300.

[87] DeMarzo P, Duffie D. 1992. Corporate Financial Hedging with Long-Term Linear Managerial Compensation [R]. Working Paper, Stanford Graduate School of Business.

[88] DeSantis G, Gerard B. 1998. How big is the premium for currency risk? Journal of Financial Economics 49: 375-412.

[89] Deshmukh S, Vogt S C. 2005. Investment, cash flow, and corporate hedging [J]. Journal of Corporate Finance, 11 (4): 628-644.

[90] Dewenter K L, Higgins R C, Simin T T. 2004. Can event study methods solve the currency exposure puzzle? [J]. Pacific-Basin Finance Journal, 13 (2): 119-144.

[91] Dionne G and Chun O M and Triki T. 2013. Risk Management and Corporate Governance: The Importance of Inde-pendence and Financial Knowledge [J]. Available at SSRN: http://ssrn.com/abstract=2020987.

[92] Doidge C, J. Griffin and R. Williamson. 2006. Measuring the Economic Importance of Exchange Rate Exposure [J]. Journal of Empirical Finance 13: 550-576.

[93] Dominguez K and L. Tesar. 2006. Exchange Rate Exposure [J]. Journal of International Economics 68: 188-218.

[94] Dominguez M E K and Tesar L L. 2001. A Reexamination of Exchange Rate Exposure [J]. The American Economic Review, 91 (2): 396-399.

[95] Dornbusch R, Fischer S. 1980. Exchange rates and the current account [J]. The American Economic Review, 70 (5): 960-971.

[96] Dornbusch R. 1987. Exchange rates and prices [J]. American Economic Review 77: 93 – 106.

[97] Doz Y L, Santos J, Williamson P J. 2001. From global to metanational: How companies win in the knowledge economy [M]. Harvard Business Press.

[98] Elliott W B, Huffman S P and Makar S D. 2003. Foreign Denominated Debt and Foreign Currency Derivatives: Complements or Substitutes in Hedging Foreign Currency Risk [J]. Journal of Multinational Financial Management, 13 (2): 123 – 139.

[99] Exchange Rates and Corporate Performance. Irwin, New York.

[100] Fama E, French K. 1992. The cross-section of expected stock returns [J]. Journal of Finance, 47 (2): 427 – 466.

[101] Fama E, French K. 1993. Common risk factors in the returns on stocks and bonds [J]. Journal of Financial Economics, 33 (1): 3 – 56.

[102] Fama E F, French K R. 1997. Industry costs of equity [J]. Journal of financial economics, 43 (2): 153 – 193.

[103] Finnerty J D. 1992. An overview of corporate securities innovation [J]. Journal of applied corporate finance, 4 (4): 23 – 39.

[104] Fisher I. 1906. The nature of capital and income [M]. The Macmillan Company.

[105] Fisman R and M. Raturi. 2004. Does Competition Encourage Credit Provision? Evidence from African Trade Credit Relationships [J]. Review of Economics and Statistics 86: 345 – 352.

[106] Flood E, Lessard D R. 1986. On the measurement of operating exposure to exchange rates: a conceptual approach [J]. Financial Management, 15 (1): 25 – 37.

[107] Flood Jr E, Lessard D R. 1986. On the measurement of operating exposure to exchange rates: a conceptual approach [J]. Financial Management, 15: 25 – 37.

[108] Francis B, I. Hasan and D. Hunter. 2008. Can Hedging Tell the Full

Story? Reconciling Differences in US Aggregate-and Industry – Level Exchange Rate Risk Premium [J]. Journal of Financial Economics 90: 169 – 196.

[109] Friberg R and S. Nydahl. 1999. Openness and the Exchange Rate Exposure of National Stock Markets [J]. International Journal of Finance & Economics 4: 55 – 62.

[110] Froot K A, Scharfstein D S, Stein J C. 1993. Risk management: coordinating corporate investment and financing policies [J]. Journal of Finance, 48 (5): 1629 – 1658.

[111] Garner C K, Shapiro A C. 1984. A practical method of assessing foreign exchange rate risk [J]. Midland Corporate Finance Journal 6 – 17 (Fall).

[112] Goldberg L. 1993. Exchange Rate and Investment in United States Industry [J]. Review of Economics and Statistics 75: 575 – 588.

[113] Goldberg P K, Knetter M M. 1996. Goods prices and exchange rates: what have we learned? [N]. Unpublished Working Paper d5862, National Bureau of Economic Research.

[114] Graham J and C. Harvey. 2001. The Theory and Practice of Corporate Finance: Evidence from the Field [J]. Journal of Financial Economics 60: 187 – 243.

[115] Griffin J and R. Stulz. 2001. International Competition and Exchange Rate Shocks: A Cross – Country Industry Analysis of Stock Returns [J]. Review of Financial Studies 14: 215 – 241.

[116] Griffin J M, Lemmon M L. 2002. Book-to-market equity, distress risk, and stock returns [J]. The Journal of Finance, 57 (5): 2317 – 2336.

[117] Guay W, Kothari S P. 2003. How much do firms hedge with derivatives? [J]. Journal of Financial Economics, 70 (3): 423 – 461.

[118] Guedes J, Opler T. 1996. The determinants of the maturity of corporate debt issues [J]. the Journal of Finance, 51 (5): 1809 – 1833.

[119] Hagelin N. 2003. Why Firms Hedge with Currency Derivatives: An Examination of Transaction and Translation Exposure [J]. Applied Financial Economics, 13 (1): 55 – 69.

[120] Harrington S E, Niehaus G R, Harrington N. 1999. Risk management and insurance [M]. Irwin/McGraw – Hill.

[121] Haushalter G D, Heron R A, Lie E. 2002. Price uncertainty and corporate value [J]. Journal of Corporate Finance 8 (3): 271 – 286.

[122] Hayakawa K, Kimura F. 2009. The effect of exchange rate volatility on international trade in East Asia [J]. Journal of the Japanese & International Economics, 23 (4): 395 – 406.

[123] Heckman C. 1985. A financial model of foreign exchange exposure [J]. Journal of International Business Studies, 16 (2): 83 – 99.

[124] He J and L. Ng. 1998. The Foreign Exchange Exposure of Japanese Multinational Corporations [J]. Journal of Finance 53: 733 – 753.

[125] Hentschel L, Kothari S P. 2001. Are corporations reducing or taking risks with derivatives? [J]. Journal of Financial and Quantitative Analysis, 36 (1): 93 – 118.

[126] Hoberg G and G. Phillips. 2010. Real and Financial Industry Booms and Busts [J]. Journal of Finance 65: 45 – 86.

[127] Hodder J. 1982. Exposure to exchange rate movements [J]. Journal of International Economics 29: 217 – 236.

[128] Hodder J. E. 1982. Exposure to Exchange Rate Movements [J]. Journal of International Economics 13: 375 – 386.

[129] Hoetker G. 2003. Confounded Coefficients: Accurately Comparing Logit and Probit Coefficients across Groups [N]. University of Illinois at Urbana – Champaign Working paper.

[130] Hou K and D. Robinson. 2006. Industry Concentration and Average Stock Returns [J]. Journal of Finance 61: 1927 – 1956.

[131] Hung J. 1992. Assessing the Exchange Rate's Impact on US Manufacturing Profits [J]. Federal Reserve Bank of New York Quarterly 4: 44 – 63.

[132] Hutson E, Laing E. 2014. Foreign exchange exposure and multinationality [J]. Journal of Banking & Finance, 43: 97 – 113.

［133］Hyde S, Bredin D. Investigating Sources of Unanticipated Exposure in Industry Stock Returns［J］. Manchester Business School Research Paper, 2010 (605).

［134］Irvine P and J. Pontiff. 2009. Idiosyncratic Return Volatility, Cash Flows, and Product Market Competition［J］. Review of Financial Studies 22: 1149 – 1177.

［135］Jensen M C, Meckling W H. 1976. Theory of the firm: Managerial behavior, agency costs and ownership structure［J］. Journal of financial economics, 3 (4): 305 – 360.

［136］Jorion P. 1990. The Exchange – Rate Exposure of US Multinationals［J］. Journal of Business 63: 331 – 346.

［137］Jorion P. 1991. The pricing of exchange rate risk in the stock market［J］. Journal of Financial and Quantitative Analysis, 26 (3): 363 – 376.

［138］Jorion P. 1997. Value at risk: the new benchmark for controlling market risk［M］. Irwin Professional Pub.

［139］Khoo A. 1994. Estimation of foreign exchange rate exposure: an application to mining companies in Australia［J］. Journal of International Money and Finance, 13 (3): 342 – 363.

［140］Kim Y, Mathur I, Nam J. 2006. Is operational hedging a substitute for or a complement to financial hedging?［J］. Journal of Corporate Finance, 12 (4): 834 – 853.

［141］Kolari J W, Moorman T C, Sorescu S M. 2008. Foreign exchange risk and the cross-section of stock returns［J］. Journal of International Money and Finance, 27 (7): 1074 – 1097.

［142］Koski J L, Pontiff J. 1999. How are derivatives used? Evidence from the mutual fund industry［J］. The journal of finance, 54 (2): 791 – 816.

［143］Koutmos G, Martin A D. 2003. Asymmetric exchange rate exposure: theory and evidence［J］. Journal of International Money and Finance, 22 (3): 365 – 384.

［144］Koutmos G, Martin A D. 2007. Modeling time variation and asymmetry in foreign exchange exposure [J]. Journal of Multinational Financial Management, 17 (1): 61 -74.

[145] Kwaller I G. 2004. What Analysts Need to Know about Accounting for Derivatives [J]. Financial Analysts Journal, 60 (2): 24 -30.

[146] Leuz C, Nanda D, Wysocki P D. 2003. Earnings management and investor protection: an international comparison [J]. Journal of financial economics, 69 (3): 505 -527.

[147] Levi M. 1994. Exchange Rates and the Valuation of Firms. in Y. Amihud and R. M. Levich, Eds. Exchange Rates and Corporate Performance, New York, NY, Irwin, 37 -48.

[148] Liu T and C. Parlour. 2009. Hedging and Competition [J]. Journal of Financial Economics 94: 492 -507.

[149] Luehrman T. 1990. The Exchange Rate Exposure of a Global Competitor [J]. Journal of International Business Studies 21: 225 -242.

[150] Marston R C. 1996. The effects of industry structure on economic exposure [N]. Unpublished Working Paper dWP96 -3, University of Pennsylvania, Philadelphia.

[151] Marston R C. 2001. The Effects of Industry Structure on Economic Exposure [J]. Journal of International Money and Finance 20: 149 -164.

[152] Martin A D, Mauer L J. 2003. Exchange rate exposures of US banks: a cash-flow based methodology [J]. Journal of Banking and Finance 27: 851 -865.

[153] Martin A D, Mauer L J. 2005. A note on common methods used to estimate foreign exchange exposure [J]. Journal of International Financial Markets Institutions and Money 15: 125 -140.

[154] McCarthy J. 2000. Pass-through of Exchange Rates and Import Prices to Domestic Inflation in Some Industrialized Economies [R]. Staff Reports of Federal Reserve Bank of New York: 13 -20.

[155] Mehr R I, Hedges B A. 1963. Risk management in the business enterprise [M]. RD Irwin.

[156] Miller K D and Reuer J J. 1998. Firm Strategy and Economic Exposure to Foreign Exchange Rate Movements [J]. Journal of International Business Studies, pp. 493 – 513.

[157] Modigliani F, Miller M H. 1958. The cost of capital, corporation finance and the theory of investment [J]. The American economic review, 48 (3): 261 – 297.

[158] Muller A, Verschoor W F C. 2007. Asian foreign exchange risk exposure [J]. Journal of the Japanese and International Economies, 21 (1): 16 – 37.

[159] Myers S C, Dill D A, Bautista A J. 1976. Valuation of financial lease contracts [J]. The Journal of Finance, 31 (3): 799 – 819.

[160] Myers S C, Majluf N S. 1984. Corporate financing and investment decisions when firms have information that investors do not have [J]. Journal of financial economics, 13 (2): 187 – 221.

[161] Myers S C. 1977. Determinants of corporate borrowing [J]. Journal of financial economics, 5 (2): 147 – 175.

[162] Nance D R, Smith C W, Smithson C W. 1993. On the determinants of corporate hedging [J]. The Journal of Finance, 48 (1): 267 – 284.

[163] Nelson J M, Moffitt J S, Affleck – Graves J. 2005. The impact of hedging on the market value of equity [J]. Journal of Corporate Finance, 11 (5): 851 – 881.

[164] O'Brien T J. 1994. Corporate measurement of economic exposure to foreign exchange risk [J]. Financial Markets, Institutions and Instruments, 3 (4): 1 – 60.

[165] O'Rourke K H, Williamson J G. 2001. Globalization and history: the evolution of a nineteenth-century Atlantic economy [M]. Mit Press.

[166] Oxelheim L, Wihlborg C G. 1995. Measuring macroeconomic exposure: the case of Volvo cars [J]. European Financial Management 1 (3): 241 – 263.

[167] Pantzalis C, Simkins B J and Laux P. 2001. Operational Hedges and the Foreign Exchange Exposure of U. S. Multinational Corporations [J]. Journal of International Business Studies, 32 (4): 793 – 812.

[168] Peress J. 2010. Product Market Competition, Insider Trading, and

Stock Market Efficiency [J]. Journal of Finance 65: 1 –43.

[169] Petersen M A and Thiagarajan S R. 2000. Risk Measurement and Hedging: With and without Derivatives [J]. Financial Management, 29: 5 –30.

[170] Pettengill G N, Sundaram S, Mathur I. 1995. The conditional relation between beta and returns [J]. Journal of Financial and quantitative Analysis, 30 (1): 101 –116.

[171] Pincus M, Rajgopal S. 2011. The Interaction between Accrual Management and Hedging: Evidence from Oil and Gas Firms [J]. Accounting Review, 77 (1): 127 –160.

[172] Prasad A M, Rajan M. 1995. The role of exchange and interest risk in equity valuation: a comparative study of international stock markets [J]. Journal of Economics and Business 47 (5): 457 –472.

[173] Pritamani M D, Shome D K, Singal V. 2004. Foreign exchange exposure of exporting and importing firms [J]. Journal of Banking and Finance 28 (7): 1697 –1710.

[174] Rogers W H. 1993. Regression Standard Errors in Clustered Samples. Stata Technical Bulletin, 13, 19 –23. Reprinted in Stata Technical Bulletin Reprints 3: 88 –94.

[175] Shapiro A C. 1975. Exchange Rate Changes, Inflation, and the Value of the Multinational Corporation [J]. Journal of Finance 30: 485 –502.

[176] Shapiro A C. 2006. Foundations of Multinational Financial Management, New York: John Wiley and Sons.

[177] Sharpe W F. 1964. Capital asset prices: A theory of market equilibrium under conditions of risk [J]. The journal of finance, 19 (3): 425 –442.

[178] S. M. 2007. Bartram/Journal of Corporate Finance 13, 981 –994, 993.

[179] Smith C W, Stulz R M. 1985. The determinants of firms' hedging policies [J]. Journal of Financial and Quantitative Analysis, 20 (4): 391 –405.

[180] Smith C W, Watts R L. 1992. The investment opportunity set and corporate financing, dividend, and compensation policies [J]. Journal of financial Eco-

nomics, 32 (3): 263 -292.

[181] Spanò M. 2004. Determinants of hedging and its effects on investment and debt [J]. Journal of Corporate Finance, 10 (1): 175 -197.

[182] Starks L T, Wei K D. 2004. Foreign exchange exposure and short-term cash flow sensitivity [N]. Working paper, University of Texas at Austin and Binghamton University.

[183] Starks L T and K. Wei. 2013. Foreign Exchange Exposure Elasticity and Financial Distress [J]. Financial Management 42: 709 -735.

[184] Starks L T and Wei K D. 2006. Foreign Exchange Rate Exposure and Short-term Cash Flow Sensitivity [N]. University of Texas Working Paper.

[185] Stulz R. 1984. Optimal Hedging Policies [J]. Journal of Quantitative and Financial Analyses 19: 127 -140.

[186] Stulz R M, Williamson R. 1997. Identifying and quantifying exposures. In: Jameson R (Ed.), Financial risk and the corporate treasury. Risk Publications, 33 -51.

[187] Stulz R M. 1996. Rethinking risk management [J]. Journal of applied corporate finance, 9 (3): 8 -25.

[188] Valta R. 2012. Competition and the Cost of Debt [J]. Journal of Financial Economics 105: 661 -682.

[189] Williamson R. 2001. Exchange Rate Exposure, Competitiveness, and Firm Valuation: Evidence from the World Automotive Industry [J]. Journal of Financial Economics 59: 441 -475.

[190] Wooldridge J M. 2002. Econometric Analysis of Cross Section and Panel Data.

[191] Zellner A. 1962. An eMYMcient method of estimating seemingly unrelated regressions and tests of aggregation bias [J]. Journal of the American Statistical Association 57: 348 -368.

后 记

在这个阴雨绵绵的周一下午，我终于写到了博士论文最轻松、最煽情的部分。我曾经无数次地幻想着这一刻的样子，大概会是一个阳光明媚的午后，或是一个夜深人静的夜晚。大概会有一杯香浓的咖啡，或伴着几滴激动的泪水。然而这些都没有成为现实，幻想中如此神圣温情的这一刻却和人生中的每一刻无甚区别。我想，这就是博士四年我所获得的一笔重要的财富——一颗平静的心。

四年的博士生涯即将结束，最让人割舍不下的是我敬爱的导师张瑞君教授。在读博士以前，我从未接受过关于科研的系统培训。是我的恩师从文献回顾开始一点一滴地教导我如何做研究，如何做好研究。犹记得开题前几天的夜晚，恩师从外地风尘仆仆地赶回北京，下了飞机饭都没吃上一口就来指导我的开题报告，一字一句地帮我斟酌，一直到凌晨。恩师这种对学术精益求精的态度是我一生的榜样，他不仅在学术上一直给予我孜孜不倦的教诲，更是在精神上给予我源源不断的关心，这些精神上的支持引领我克服了一个又一个难关，帮助我重新塑造了自己。

回想在人民大学的四年，不仅提升了专业素养，还学会了许多为人处世的方法，这一切首先要得益于恩师的悉心培养。张老师不仅提高了我的科研水平，丰富了我的专业知识，拓展了我的学术视野，更言传身教地教会了我如何严谨治学，如何为人处世，如何乐对人生。其次，感谢商学院的王化成教授、支晓强教授、李焰教授、姜付秀教授、孙茂竹教授、况伟大教授、宋常教授、许年行教授、孟庆斌副教授、王雪老师、陈君老师的辛勤教导。感谢我同门的兄弟姐妹们：殷建红师姐、赵金梅师姐、孙寅师姐、李小荣师兄、鲁冰师兄、

后　记

董红晔师姐、高春燕、徐鑫、王超恩、郑丽娜、任莉莉、马海云，感谢你们对我的论文提出的宝贵意见。感谢我们 2013 级财务会计这个大家庭：盛思思、刘牧苑、揭晓小、刘向强、李沁洋、徐策、张玉华、陈晶、王琳、魏汉泽、杨华领、彭晓冉、马云彪、王鑫斌、任杰、李兴天。感谢与你们一起并肩作战的日子，你们对生活的热爱，对学术的追求会一直鼓励着我。最后，特别感谢我的先生对我无条件地支持，在我因为论文的不顺利而冲你发脾气的时候，感谢你的温柔包容。

四年弹指一挥间，在论文的艰难时刻，我曾那样渴望逃离校园。而当我真的有资格从这里走出去的时候却是这样的不舍得。我将珍惜人民大学给予我的一切美好，怀着一颗感恩的心整装待发，在人生的路上走得更稳更远更快乐！

徐　展

2020 年 5 月